फुटपाथ का सम्राट

फुटपाथ का सम्राट

विजय तेंडुलकर

अनुवाद

पद्मजा घोरपड़े

वाणी प्रकाशन

वाणी प्रकाशन
4695, 21-ए, दरियागंज, नयी दिल्ली 110 002
फ़ोन : +91 11 23273167 फ़ैक्स : +91 11 23275710
शाखाएँ
अशोक राजपथ, पटना 800 004, बिहार
कॉफ़ी हाउस कैम्पस, महात्मा गांधी मार्ग, इलाहाबाद 211 001, उत्तर प्रदेश
महात्मा गांधी अन्तरराष्ट्रीय हिन्दी विश्वविद्यालय, वर्धा 442 001, महाराष्ट्र
सुल्तानिया रोड, मोतिया पार्क, भोपाल 462 001, मध्य प्रदेश
www.vaniprakashan.com
marketing@vaniprakashan.in
sales@vaniprakashan.in

FOOTPATH KA SAMRAT
by Vijay Tendulkar
Translated by Padmaja Ghorpade

ISBN : 978-93-5072-310-4
Play

संस्करण 2013, 2014
आवृत्ति 2020

मूल्य : ₹ 125

सिटी प्रेस, दिल्ली-110 095 में मुद्रित

वाणी प्रकाशन का लोगो मक़बूल फ़िदा हुसेन की कूची से

संगीत

शाहिर साबळे

निर्देशन

सुहास भालेकर

कलाकार

शाहिर साबळे

सुहास भालेकर

शीला नाईक

चन्द्रकान्त जाधव

दत्ता राणे

राम जामगांवकर

नाटक का प्रथम मंचन 13 मार्च, 1970 को शाहिर साबळे और पार्टी द्वारा मुम्बई में किया गया।

प्रथम अंक

[मुम्बई शहर के किसी दूर-दराज़ गली का फुटपाथ। फुटपाथ पर चढ़ने की सीढ़ी। पिछली दीवार पर तरह-तरह के विज्ञापनों के हैंडबिल चिपकाए हैं। फ्रीस्टाइल कुश्ती, सिनेमा, हड़ताल, चुनाव, आध्यात्मिक प्रवचन आदि। इन्हीं के बीच से 'यहाँ विज्ञापन लगाना मना है अन्यथा कानूनी कार्रवाई की जाएगी' का नोटिस झाँकता है।

एक ओर पोस्ट ऑफिस की लाल पेटी। लगता है इस पत्र-पेटी को पोस्ट ऑफिस भूल गया है। ऊपर म्युनिसिपल की बत्ती। उसी का प्रकाश मंच पर फैला है।

फुटपाथ पर एक चारपाई। तीन लोग बैठे हैं। उनके कपड़े, रहन-सहन से वे फुथपाथ निवासी लगते हैं। ढोलक साथ में लिये बैठे हैं।

पर्दा उठते ही दो लोग उठकर सामने आकर प्रेक्षकों का अभिवादन करते हैं। शाहिर वहीं खटिया पर बैठा है। अपनी ही धुन में। उसकी सिर्फ पीठ दिखती है। अभिवादन लोक नाट्य शैली में]

एक : राम राम माय-बाप लोगो! राम राम! यह फुटपाथ। हम इसे कहते हैं फुटपाथ सीढ़ी। सीढ़ी। मन्दिर जाने के लिए भी और कोठे में पहुँचने के लिए भी। हमारे बड़े-बुजुर्ग अक्सर कहा करते थे हर किसी को अपनी-अपनी सीढ़ी पर रहना चाहिए। अपनी सीढ़ी मत लाँघो। यह भी कह गये हैं। मन्दिर की सीढ़ी चढ़कर स्वर्ग पहुँच में आता है—ऐसा लोग कहते हैं। कोठे की सीढ़ी अदालत जाने के लिए भी होती है। अदालत की सीढ़ी चढ़कर नरक में भी गये हैं कई। एक सीढ़ी चढ़कर जो गया वह दीन-दुनिया दोनों से गया। उसे ना स्वर्ग मिलता है और ना ही नरक। उसे मिलती हैं सिर्फ

तारीखें। तारीखें। तारीखों पर तारीखें। फँस गया वह फिर तारीखों के जाल में। पर, एक बात है। स्वर्ग पाना है तो सबसे पहले वो भगवान चाहिए—इधर दिल में। वरना मन्दिर क्या और कोठा क्या। दोनों एक जैसे ही। दिल में वह भगवान रहेगा तो कोठे वालों को भी स्वर्ग मिलता है और नहीं होगा तो मन्दिर के लोग भी नरक में जाते रहते हैं।

हाँ, तो यह है फुटपाथ की सीढ़ी। फुटपाथ। देखो *इसे* जरा। कभी बस लारी चढ़ गयी स्पीड में इस पर कि समझो दस-पाँच जनों ने डायरेक्ट स्वर्ग देखा ही। पुलिस की मेहरबानी जब होती है इधर तो लॉकप का नाटक है ही। इसमें से कुछ नहीं मिला तो वो...तारीख ...तारीख पर तारीख। इधर का आदमी 'इधरीच।' इस फुटपाथ पर कइयों का जन्म हुआ। कई घर-गिरस्तियाँ बसीं। ढेर सारे बच्चे इस पर खेले-कूदे-उछले और कई...कइयों को मरघट तक ले जाया गया...। कभी-कभार बदला—नया बना वह रास्ता। पर ये फुटपाथ वैसे का वैसा रह गया। यह नहीं बदला। इस बड़े शहर में ये फुटपाथ न होता तो हम जैसों के लिए कहीं भी आसरा न होता। ये है इसलिए इसकी गोदी में हम खेले-कूदे। इसके कन्धों पर बैठे। इसके लिए न 'पगड़ी' ना डिपाजिट। किराया है लेकिन उतना भर ही जितना *पखडता* है। इस एरिया का दादा वसूल करता है। उसने इस फुटपायरी के 'प्लॉट' बनाए हैं। (*दिखाते हुए*) यह इतना भर ग्यानबा का। यह तुकोबा का...वह—ऊधरवाला नाम्या का। यह अपना खुद का। हवा-लाइट सब है। वह नाथ बाबा का। बस ऐसे-ऐसे गिनते जाइए। हम सब ऊधर वाले गाँवों के नजदीक—नजदीक के गाँव वाले। हमारा गाँव ऊधर...कोंकण में। बीवी-बच्चे उधर ही रहते हैं। गाँव में। थोड़े में कहूँ तो ये हमारी 'चाल' है। 'चाल।' ये दीवार। (*पीछे की दीवार दिखाते हुए*) (*फिर शेष तीन दिशाएँ दिखाते हुए*) वो रहा दरवाजा। वो वरांडा और खिड़कियाँ। सब कुछ एक ही में घुला-मिला। (*आकाश दिखाते हुए*) यह रहा उधर। चार महीने छत टपकती है पर टूटती-गिरती नहीं। नहीं तो उस नुक्कड़ पर की 'चाल' की छत। परसों रात में गिरी। और चार लोग दबकर मर गये। पन्द्रह लोग घायल हुए। एक इतना-सा बच्चा भी। परमेश्वर के यहाँ से आये थे। परमेश्वर के यहाँ चले गये। उल्टे पाँव लौट गये। लगता है रिटर्न टिकट था उनके पास। ऊपर से 'सिंगल' रूमवाले

बीस-पच्चीस परिवार मिट्टी में मिल गये। कितना बड़ा हादसा! चीख-चिल्लाहट! रोना! वो आग बुझाने वाले भी आये थे टनटन करते हुए। पर देर से आये। नींद उचट गयी। हमने कहा—चलो। हम खुशकिस्मत हैं। अपनी घर-गिरस्ती को ऐसा कोई डर नहीं। ना टूटना-फूटना, ना आग ना कोई खतरा। 'आलप्रूफ चाल' हमारी। दुआ दी हमने सबको—कि हमें इस फुटपाथ पर ला रखा। (*मुड़कर शाहिर से*)

शाहिर, लोग इकट्ठा हो गये हैं। (*वह ध्यान नहीं देता*) अजी शाहिर जी। शायर जी। पब्लिक आ गयी है। कुछ तो सुनाएँगे इनको।

शाहिर : (*वैसा ही*) उनसे कहो—इधर कोई भिखारी नहीं रहते।

एक : ऐसा कौन कहता है भला। अजी, पब्लिक को कुछ सुना देते हैं जी।

शाहिर : फुटपाथ है न। पब्लिक फोकट में सुनकर आगे खिसक जाएगी। वरना एक-दो पैसे 'फेंकेंगी'। ज्यादा हुआ तो पावली। चार आने। उसमें भी कई खोटे सिक्के मिलते हैं। यही पब्लिक थिएटर में दस-पाँच रुपये 'फेंकेगी' रोब में। जानता हूँ मैं। उनको लगता है ये फुटपाथ के। इनका क्या मोल है? हम फुटपाथ वाले जो भी करते हैं भीख पाने के लिए। पर हम भिखारी नहीं हैं। हम अपनी दिल की मर्ज़ी से गाते हैं। बजाते हैं। मेहनत कर, खून-पसीना एक कर जीते हैं।

एक : (*पब्लिक से*) शायर है। बीमार रहता है। इसलिए सिर गरम रहता है। फुटपाथ पर पला-बसा है। माँ-बाप को कभी देखा ही नहीं। पर गले में जादू है जादू। जरा सबूरी से लो। (*शाहिर से*) पब्लिक कुबूल फर्माती है जी।

(शाहिर संशय की नज़रों से वैसे ही बैठे हुए गर्दन घुमाकर पब्लिक को निहारता है। और ढोलक उठाकर सामने आता है।)

शाहिर : क्या सुनना है पब्लिक को?

(सुंद्रा आती है।)

सुन्दरी : (*लजाते हुए*) उस 'पिच्चर' में का 'विंग्लिस' टुन सुना। मैं डान्स करूँगी। (*दिखाती है।*)

शाहिर : सुन्दरी पहले वह सब रोको। वो सुनने के लिए सिनेमा थिएटर बहुत हैं। तुझसे ज्यादा! सुन्दर और चमको सुन्दरियाँ नाचती हैं उधर चमकते कपड़े पहनकर। और कपड़े उतारकर भी। तुझे कौन

पूछता है? और मुझे भी?

दो : शाहिर, फिर तो एक टॉप कव्वाली सुनाते हैं–(*सीटी बजाता है।*)

एक : हाँ, हाँ कव्वाली हो जाने दो।

(शाहिर दर्दभरी कव्वाली फक्की फुटपाथी अदा में सुनाता है। वहाँ और तीन-चार लोग आते हैं। सुनते रहते हैं। दाद देते हैं। शाहिर तल्लीनता से झट निकलकर खटिया पर आकर बैठता है। मुँह फेरकर। गुस्से में।)

दो : अब क्या हुआ जी? (*पहले वाले से*)

एक : शाहिर क्या हुआ? खोपड़ी गर्म क्यों हुई?

तीन : शायर जी–

सुन्दरी : ए पागलो दूर हटो। साइड दो। (*आगे बढ़कर प्यार से*) ग्येन्या...मैं हूँ न तेरी लैला। (*लजाती है।*)

एक : शाहिर का कुछ सही नहीं।

दो : पब्लिक इन्तजार कर रही है।

एक : शाहिर ऽऽ

दो : (*एक से*) क्या हुआ शाहिर को? दिमाग और हुआ फिर से।

एक : लगता है सिलिंडर बर्स्ट होएगा।

शाहिर : (*खून खौलता है। मुँह फेरा हुआ ही।*) पब्लिक को अहसास नहीं। इनसानियत नहीं। सुनके मुंडियाँ हिलाएँगे। फिर कभी मिले तो मामूली पहचान भी नहीं दिखाएँगे। इनके पास गुणों की कद्र नहीं होने वाली।

एक : पर शायर, गुणों की कद्र पब्लिक के पास नहीं होगी तो क्या जंगल में घूमने वाले जानवरों के पास होगी? हाँ पब्लिक तनिक भुलक्कड़ होती है, पर गुणों को जानती भी है। इसलिए तो यहाँ आयी है न पब्लिक? तुम्हारी आवाज़ सुनने। आप जो कह रहे हैं–पायी हुई खुशी और खाये हुए नमक से बेवफाई करनेवाली ये पब्लिक नहीं है। ये ईमानदार पब्लिक है।

शाहिर : तो फिर ये पब्लिक उनको क्यों भूल जाती है जो इनके लिए मरते-खपते हैं? और किसी ऐरे-गैरे को सिर पर उठा के क्यों घूमती है?

एक : (*पब्लिक से*) है न मुसीबत?

सुन्दरी : मैं बताती हूँ। (*शायर के पास जाकर लाड़-प्यार से*) कभी-कभी इनसान से चूक-भूल हो जाती है? मैं नहीं गलती करती हूँ? पर

मेरे मन में बहोत प्यार है तेरे बारे में। यह जो पेट है न—वह आदमी से गलती कराता है। दिल के नीचे पेट भी तो है।

शाहिर : लेकिन दिल कुछ भी नहीं भूलता। सुंद्रे—सब याद रखता है ये दिल। सब कुछ।

सुन्दरी : (*आँखों में पानी। सिसकती है*) हाँ जी। होता है। पर तू दिन-रात बीमार था—तब...तब कौन बैठा था इधर तेरे सिरहाने—रात दिनों! तुझे दवा-पानी पिलाते? हँ-बता? कमाकर लाए सा ऽ रे पैसे तेरे दवा-पानी में खर्च करती थी मैं और खुद भूखी रहती थी। (*गुस्से में*) और साला कहता है दिल कुछ भूलता नहीं। पर ये बात कैसे भूला रे तेरा दिल?

शाहिर : (*प्यार से*) सुंद्रे, सुंद्रे ये बात नहीं है री। ये कैसे भूलूँगा मैं? मैं...पता नहीं मेरी माँ...मेरी माई कैसी थी? पर उस बीमारी में तो तूने माई की तरह मेरी देखभाल की। तू ही मेरी माँ बनी...मेरा नया जनम हुआ।

सुन्दरी : (*चेहरा आनन्द से भरा*) हाँ? सच्ची न? तो यह जान ले कि ये पब्लिक भी ऐसा ही प्यार करता है तुझसे—

शाहिर : (*झट गुस्से में*) जब कोई मरने की डगर पर हो तब...। नहीं मरने पर। मरने पर प्यार। फिर उत्सव। स्मरण दिन-मरण दिन...जन्म दिन! पब्लिक से कहिए हमारे मरण दिन पर मिलिए। टा-टा... (*मुँह फेरकर जोर-जोर से ढोलक बजाता है।*)

'सभी बेचैन बोझिल! पब्लिक में से आवाज़ आ रहे हैं मुगले आजम—अस्मान के मालिक—फुटपाथ के सम्राट—सुल्तान—उत्मुल्क—दिल तेरा दीवाना, नायटिन लंडन, राजा और रंक, बेवकूफ शागिर्द, शहंशाह तुकाराम महाराज ऽऽ बा आदब, बा कौन...की होशिऽऽयार।'

रंगमंच पर उपस्थित सभी आनन्दित, उल्लसित होकर प्रेक्षकों के पीछे देखने लगते हैं। शाहिर भी। शाहिर की ढोलक की लय में, बैसाखी पर चलते, लंगड़ा तुकाराम सम्राट की अदा में शाही चाल में रंगमंच की ओर, फिर रंगमंच पर आता है। सफेद दाढ़ी, बिखरे बाल, दुबला-पतला। मैले-फटे कपड़े। टोपी में मयूर पंख। चेहरे पर आनन्द का पारावार। रंगमंच पर आकर तुकाराम शान से रोब से खटिया पर बैठता है।

द्वितीय अंक

तुक्या : (*रोष में बैठकर डकार लेता है*) वाह! क्या कहने! जैसा कि पेट खूब भरा है।

एक : क्या खाके आये हो तुक्या?

दो : मुर्गी या बकरा?

तुक्या : (*मुस्कुराकर*) कहाँ, कुछ भी नहीं। सुबह से अबतक चूहा भी नहीं मिला। वैसा ही हूँ खाली पेट।

शाहिर : (*गुर्राकर*) तो फिर डकार कैसे आयी? पेट जैसा कि भरा हो...

तुक्या : ईश्वर साक्ष...अपना पेट बिना खाए भी भरता है। खुशी से—आनन्द से—

तीन : कहीं काम मिला क्या रे तुक्या?

तुक्या : उँहूँ! कुछ भी। इस देश में हट्टे-कट्टे को जहाँ काम नहीं मिलता वहाँ मुझ जैसे लँगड़े को कौन काम देगा?

एक : तो फिर ये खुशी क्यों?

तुक्या : ऐसे ही–

दो : क्या बोले—तो ऐसे ही...

तुक्या : हाँ ऐसे ही।

शाहिर : यूँ ही बनो मत। कोई कारण नहीं और तू खुश क्यों? कैसे?

तुक्या : हाँ ईश्वर कसम। रोज परभाती नींद से जागता हूँ तो (*आलस झटककर*) तब से कैसा मस्त-मस्त लग रहा है। कितनी सुन्दर थी सुबह।

शाहिर : (*गुस्से में*) बोले सुन्दर थी...

तुक्या : ईश्वर...

शाहिर : चुप। झूठी कसम मत खाओ। मैं तेरे पास ही सोता हूँ। कैसी

सुबह? आँखें खोलने का मन नहीं करता। बदसूरत सुबह। कैसा रहता है पूरा बदन। चिपचिपा! बासी! वो बसें और वो रिक्शा! छीः! खड़खड़ाहट। छड़छड़ाहट। लगता है एक लात मारूँगा सबको।

तुक्या : देख। आँखें खोलने के पहले सबसे भारी सुख इसी बात का होता है कि हम हैं। तब महाराजा-बादशाह की तरह लगता है। यानी लगता है मैं ही बादशाह हूँ। अहाहा! तब जो कुछ दिखता है वह सब सुहाना होता है। मधुर होता है। लगता है कि यह दुनिया...

शाहिर : खड्डे में गयी दुनिया। भाड़ में क्यों न जाय?

तुक्या : यह दुनिया हमारी अपनी है। हमारे लिए है।

(आनन्द बरसता है अंग-प्रत्यंग में)

शाहिर : हाँ! हमारे जैसे बेघर लोगों के लिए। सारी दुनिया अपनी ही तो है। और क्या!

(बाकी तीनों जम्हाई लेते हुए जगह कपड़े से साफ करते हैं और बिछौना बिछाने लगते हैं।)

तुक्या : नहीं। ये भी सच है। पहले उस सामने के बंगले को देखकर सुबह-सुबह आँख खुलते ही गाली बकने की इच्छा होती थी। लगता था हम सड़क पर रहते हैं। और ये राजा की तरह ऐशो आराम से। लेकिन अब इसका भी दुख नहीं होता। ध्यान भी उधर नहीं जाता।

शाहिर : पागल कहीं के। तुक्या साले। इसी फुटपाथ पर उस रात लारी चढ़ गयी थी और तेरी एक टाँग कट गयी थी। मुझे अच्छी तरह से याद है। उस हादसे से तू जाग गया था और अपनी ही टूटी टाँग उठाकर सोच रहा था कि टाँग हाथ में कैसे आ रही है? फिर अचानक बेहोश हो गया। तुझे अस्पताल पहुँचाया। दो महीने वहीं रहना पड़ा। तब भी तुझे राजा जैसा लग रहा है।

तुक्या : हाँ भगवान कसम!

शाहिर : बस भी कर। क्यों खाली-पीली कसम खाता है?

तुक्या : अरे सच्ची कहता हूँ। पाँव कटा पता ही नहीं चला। अस्पताल में जब होश आया और पता चला तब से ईश्वर का उपकार मान रहा

हूँ। बोला मैं—बहुत अच्छा हुआ। पैर गया।

एक : तुक्या! पैर कटा ये बेस्ट कैसे हुआ?

शाहिर : देखो तो। क्या बकता है। हाँ बोला होगा परमेश्वर एक टाँग क्यों काटी? दोनों टाँगें क्यों नहीं काटी मेरी?

एक : जन्मभर के लिए ये लँगड़ापन आया नसीब में।

तुक्या : हाँ—ईश्वर...। नहीं, कसम नहीं...पर सच कहता हूँ। तुम लोग जैसा कह रहे हो वैसा लगा भी पहले। पर बाद में दिमाग में सोचा—हाँ, पाँव तो कटा। तुक्या। तेरी टाँग बचती लेकिन तू खुद ही कट जाता...तो टाँग बचकर भी क्या फायदा? इससे तो अच्छा है कि परमेश्वर ने भला किया। जान पर की मुसीबत पैर पर निभायी। मैं जिन्दा रहा। भारी सुख मिला। ईश्वर...नहीं। कसम नहीं। पर मैं बहोत ऽ खुश हूँ। इस सोच पर मेरा बस नहीं। *(डकार लेता है।)* वाह!

शाहिर : *(क्रोध से)* खाली पेट डकार लेता है?

तुक्या : लेता नहीं हूँ। वह आती है ई...*(मुँह पर हाथ)* दोस्तो, ईश्वर का नाम और डकार दोनों साथ-साथ आ रहे हैं मुँह में। इलाज नहीं इसका। हम खुश हैं। *(मजे में बैठता है।)* शाहिर! हो जाने दो एकाध 'लावनी।'

शाहिर : लावनी? इश्क का इजहार करता गीत? उसके लिए पेट भरा हुआ और दिल ठंडा चाहिए होता है। यहाँ आग लगी है आग। भीतर आग ही आग है।

तुक्या : फिर दमकल दस्ते को बुलाओ।

शाहिर : तुक्या तुझे तो हँसी-मज़ाक सूझ रहा है...

तुक्या : ईश्वर कसम नहीं। एक बार, संगियो, एक बार आग देखी है मैंने। हमारी ही झोपड़पट्टी में लगी थी। सब कुछ ख़ाक हो गया। घर-गिरस्ती सब जल गया। नन्हा बच्चा भी जलकर खाक हुआ। उस हादसे से जोरू तो पगला गयी। तिल-तिल जलकर मर गयी। कितने दिन मैं कपड़े फाड़-फाड़कर गली-चौराहे पर घूमता रहा। बेहोशी में। दिल में ही आग लग गयी थी। लगता था ऐसा क्यों? सारी दुनिया बची और अपनी ही दुनिया क्यों उजड़ गयी? *(डकार लेता है)* पर अब नहीं तकलीफ होती। ईश्वर...कैसा मस्त मस्त लगता है...

शाहिर : (*उचककर*) तुक्या...

तुक्या : हाँ शायर। तेरा गुस्सा भी...मज़ाक नहीं, पर तेरा गुस्सा भी प्यारा लगता है।

शाहिर : वाह रे!

तुक्या : हाँ रे!

शाहिर : क्या कहने।

तुक्या : (*डकार लेकर*) हाँ रे दोस्त!

शाहिर : तेरा और मेरा बाप—भला।

तुक्या : एकदम ठीक।

शाहिर : तेरी और मेरी माँ—भली।

तुक्या : यह भी ठीक।

शाहिर : क्या ठीक?

तुक्या : अरे—उनके बगैर हम जनमे क्या?

शाहिर : (*ढोलक पर थाप*) अरे रे। इस तुक्या ने कीं हदें पार। हँसना मत तुक्या। पहले हँसना बन्द कर।

सुंद्री : तुकाराम बाबा जरा आहिस्ता से...सँभलकर...

तुक्या : (*मुस्कुराकर*) अपनी तो किसी बात से शिकायत नहीं। हाँ पर यह हँसी...हँसने के बगैर अपना कुछ जमता नहीं। यानी...यानी कि मैं गया (*ऊपर देखकर*) तब भी अपनी यह हँसी रहेगी ऐसी ही बरसती धारा। वाह! क्या आसमान खिला है। सितारों का मानो फुटपाथ बना है आसमान में...अपना बिछौना बिछाकर लेटी हैं सब की सब। चाँदनी का बिछौना। अहा हा!

यहीं से बेघर होकर गयी होंगी बेचारी। धत् तेरे की। यानी कि उधर भी फुटपाथ ही नसीब में इनके। हाँ, लेकिन स्वर्ग का फुटपाथ। मामूली नहीं। और वह दादा। आसमान के मुहल्ले का दादा...गोल मटोल हुआ है इन सितारों के बलबूते पर। क्या शान! क्या रोब! (*डकार लेता है।*) साला यह दिमाग भी क्या तेज दौड़ रहा है। पर, पुलिस दादा किधर है? (*आसमान में ढूँढ़ता है।*) है वह दादा है। लेकिन पुलिस दादा...?

(सुंद्री मामूली कपड़ा बिछाकर बैठने की तैयारी में। शाहिर खटिया पर बैठा है। पुलिस आती है।)

पुलिस : (*लाठी से बिस्तर अस्त-व्यस्त करते हुए*) ऐ बे। चल उठा, बिस्तर। ये फुटपाथ है। चलो उठो। (*मजबूरी में सभी उठते हैं।*)

तुक्या : (*उसे देखते हुए*) राम राम हवलदार। आप ही को ढूँढ़ रहा था। ऊपर।

पुलिस : ऊपर?

तुक्या : हाँ उधर। (*आसमान दिखाता है*) यानी आसमानी फुटपाथ, बेघर सितारे...वह चन्दा...उसका मुहल्ला...लेकिन हवलदार कहीं नहीं मिला...(*उत्साह में उसके पैरों पर साष्टांग—और ऊपर देखते*) अब सारा चित्र बन गया। पूरा का पूरा। लगा आप आसमान में पहुँच चुके हैं। ईश्वर साक्ष्य...

पुलिस : (*उसे लाठी से धक्का देते हुए*) चल उठ पहले। लँगड़ा कहीं का।

सुंद्री : हवलदार, आज इस वक्त इधर मुड़ गयी आपकी सवारी?

पुलिस : फुटपाथ क्लीअर रखना आपुन की ड्यूटीच है।

शाहिर : और उधर चोरों के लिए खुला मैदान...

पुलिस : आपुन की परमिशन के बगैर? ऐसा होएगाच नहीं। इस मुहल्ले के सभी चोर-चिलट और फुटपाथ वाले अपुन को डरते हैं। समझे क्या?

तुक्या : वाह!

पुलिस : (*दूसरे-तीसरे सब को लाठी से धक्का देते हुए*) ये...ये लुढ़क कायको रहे हो? चलो हटो। ये फुटपाथ है। पब्लिक प्रॉपर्टी नहीं। **(वे फिर भी सोने लगते हैं।)**

तुक्या : (*पास में नीचे बैठा है।*) ओ हो हो...

पुलिस : (*गुस्से से*) ऐ लँगड़े। क्या बकवास है? लॉकअप में जाने का है क्या?

तुक्या : देखेंगे जी। लॉकअप भी देखेंगे। आज तक सुना बहोत है—देखा नहीं है।

पुलिस : आएगा टाइम जल्दी ही।

तुक्या : लाओ जी। तुक्या जनमा। पर जिन्दगी भर लॉकअप नहीं देखा। ऐसा नहीं होना मँगता। सब कुछ देखना अच्छा होता है। क्या शाहिर? सुंद्रे ठीक है न?

सुन्दरी : बाबा जरा चुप रहो। (*पुलिस से*) ये जरा ऐसे ही हैं। ध्यान पे मत

लेना।

पुलिस : इस टाइम छोड़ दिया। अगले टाइम अदब से बोलने-चालने को कहो। फुटपाथ एकदम क्लिअर मँगता। सोना नहीं। (*डंडा पटकते जाता है।*)

तुक्या : (*तल्लीनता से देखता है।*) वाह!

शाहिर : (*गुस्से में*) वाह क्या?

तुक्या : नहीं। बोले तो...देखो तो मर्द कैसा चलते जा रहा है। जैसे दलदल नगरी का सेनापति है।

शाहिर : और डंडा कैसे बजा रहा है। गुर्रा क्या रहा है। एक-एक को कैसे धक्का दे रहा है। जैसे यह इस्टेट है उसके काका की।

तुक्या : मिला हाथ। यानी अपने बाप की।

(शाहिर गुस्से में खटिया पर जाकर बैठता है। पार्श्व में 'कुल्फीवाला ऽऽ' रसमलाई ऽऽ बस की आवाज़–)

तुक्या : (*सरकते हुए खटिया के पास जाकर सटकर बैठते हुए, तमाखू ढूँढ़ता है।*) शाहिर ऽ

शाहिर : क्या है? बिना हँसे बोल हँ।

तुक्या : फिर बोलता नहीं मैं।

शाहिर : नहीं, बोल। हँसकर बोल।

तुक्या : मीठा-मीठा गाते हो। गाओ न।

शाहिर : आवाज़ निकलती नहीं न...

तुक्या : फिर बोल कैसे रहे हो?

शाहिर : ये गुस्सा...फुटपाथ की वजह से...

तुक्या : तेरा गला...अहाहा...मिठास है मिठास। ऐसे गले से गुस्सा निगल लो और आनन्द का अमरित बाहर निकालो...

(शाहिर गाता है–)

बेहद अच्छा गाये तुम।

(*शाहिर सोने की तैयारी करता है।*)

शाहिर, देख तो (*जेब से पर्ची निकालकर*)

चाँद पर रॉकेट जानेवाला है। मुरमुरे की पुड़िया का कागज़ है–चित्र भी है।

शाहिर : चाँद पर रॉकेट जाते हैं–हर रोज ही। जैसे अपने गाँव से एस.टी.

जाती है। पर हमें कौन लेके जानेवाला है? हम इधर ही। इस फुटपाथ के सीने पर।

तुक्या : पर सुना है इस बार रॉकेट में आदमी लोग बिठाने वाले हैं। जिन्दा लोग। और डायरेक्ट चाँद पर।

शाहिर : तो क्या मरे हुए लोग बिठाएँगे?

तुक्या : हाँ। यह भी सच है। एकदम चाँद पर...सूँ ऽऽ सूँ करते। क्या मजे होंगे नहीं उधर।

शाहिर : चाँद पर के मजे चाँद को देखकर।

तुक्या : अपने को जाने की चाह है यार।

शाहिर : तो जा। बैसाखी टिकाते एक टाँग से लगा छलाँग।

तुक्या : तुक्या जन्मा और चाँद को न देखते ही मर गया। ऐसा होगा तो भला कैसे होगा? हे ईश्वर! सच रे...

शाहिर : हँ! (*उदास उसाँस।*) क्या सच और क्या झूठ। तुक्या रे। हम इधर जनमें, इधरच मरनेवाले साले। यहीं से छुटकारा नहीं। जानेवाले जाते हैं। चाँद पर, पार्लियामेंट में, मंत्री-संत्री बनते हैं। लखपति भी होते हैं। हम यहीं पर। वजन लगाने का। (*उठने-सा करता है।*) वह गया-वह गया। हम इधर ही। उसका भला हुआ। हम यहीं पर। साला, ये फुटपाथ से ही घिन लगती है। जनम से भी नफरत होती है। अपने पास कुछ भी नहीं रे। सिर्फ ये बिस्तर। यही लेके आये। यही रखके जानेवाले एक दिन। (*खटिया पर लेटता है।*)
(तुक्या खटिया से सटकर बैठा है।)

शाहिर : क्या रे जिन्दगी है अपनी? नहीं। मन भर गया रे इस जिन्दगी से।

तुक्या : तो फिर चाँद पे आते हो? (*नज़र चाँद की ओर।*) चल चाँद पर चलते हैं–

शाहिर : (*खुश होकर*) चल रे दोस्त। चल। वहाँ तो सुख मिलेगा–चल–

तुक्या : हाँ हाँ मिलेगा सुख उधर। मैं दिखाऊँगा।

शाहिर : पर रॉकेट धीमे चलाना। एक्सिडेंट करोगे नहीं तो।

तुक्या : तू फिकिर मत कर। टाप में गाड़ी चलाता हूँ देख। डायरेक्ट उधर ही–चाँद पर।

शाहिर : (*करवट बदलते हुए*) चाँद पर पहुँचे तो बता देना।

तुक्या : हाँ, हाँ। तब तक सो जा चुपचाप। मैं हूँ।

(जम्हाई लेता है और धीरे-धीरे गहरी नींद सोता है)

(दूर कहीं कुत्तों के भौंकने की आवाज़–गाड़ियों के हार्न...ढोलक की द्रुत लय आरम्भ होती है। शान्ति...खट बूटों की आवाज–सैनिक और सेनापति–पुलिस का आगमन–)

सेनापति : (*ढूँढ़कर, हाथ में की तलवार से टटोलते हुए*) हाँ, हाँ, उसको उठाव ...और उसको भी...(*सैनिक तुक्या और शाहिर को जगाते हैं।*)

शाहिर : (*उठकर उनींदे स्वर में*) राम राम हवलदार। अब नहीं–कल देखेंगे कल (*सोने लगता है।*)

तुक्या : आ गया? चाँद? साला, जल्दी आ गया।

सेनापति : (*सैनिकों से*) देखते क्या हो? लेके चलो दोनों को। बिल्कुल हल्के हैं। महाराज को ऐसेच आदमी मंगते हैं।

सैनिक : (*दोनों को उठाते हुए*) ऐ चल बे। चल।

शाहिर : लेकिन कहाँ? क्या है ये? वो हवलदार इस ड्रेस में? हवलदार, हम फुटपाथ का किराया देते हैं समझे? फोकट में नहीं रहते। चलो कहाँ? कहीं नहीं आएँगे। जाओ। बताओ आपके ऊपरवाले साब को। क्या मोगलाई समझ रखी है? काँग्रेस राज है काँग्रेस राज।

सैनिक : (*हथकड़ियाँ पहनाते*) चलो हमारे साथ।

तुक्या : अरे लेकिन किधर?

सेनापति : हमारे महाराज के सामने–

शाहिर : हम नहीं पहचानते उन्हें–आपके महाराज को–

सैनिक एक : ये सेनापति हैं। इन्हें हवलदार कहते हो? क्या कहा? पहचानते नहीं? चल अब पहचान होगी।

सैनिक दो : साब! क्या दलदलपुर राज है जी?

शाहिर : साफ झूठ। यह बॉम्बे है। और ये इंडिया उर्फ भारत। तुक्या, अरे ये फँसा रहे हैं अपने को। बोल रहे हैं दलदलपुर राज। देख तो वह हवलदार...

(सेनापति क्रोधित)

सैनिक एक : बॉम्बे रही ट्राम्बे के पास। अब तुम हो दलदलपुर में। ये हैं राज के सेनापति।

सैनिक दो : तुम्हारे वजन जैसे लोग पकड़कर लाने के लिए महाराज ने कहा है।

सैनिक तीन : चाँद पर जाने का है।

शाहिर : च-च—चाँद पर?

सैनिक दो : इस बार आदमी लेकर रॉकेट उड़ने वाला है। रॉकेट रेडी है।

सैनिक एक : हल्के दो लोग चाहिए थे।

सैनिक दो : बिल्कुल नाप में मिले दो लोग।

सैनिक तीन : एक भी पौंड कम-ज्यादा नहीं। दोनों कंकाल—हड्डियों के ढाँचे।

सैनिक एक : ऊपर से रोनेवाला भी कोई नहीं। अकेले हैं।

सेनापति : चलो।

तुक्या : (*शाहिर से*) सपना देख रहे हैं क्या रे? हम सचमुच जा रहे हैं चाँद पर?

शाहिर : छोड़ो मुझे—छोड़ो। मैं नहीं आने का—

सेनापति : चलो—जल्दी लेके चलो इनको महाराज के पास—

तुक्या : (*शाहिर से*) ये सेनापति तो अपने को पुलिस दादा जैसा ही दीख रहा है—

शाहिर : मैं आनेवाला नहीं हूँ—नहीं आने वाला। (*दोनों को घसीटते हैं*) **(सोये हुए सभी भीतर चले जाते हैं। 'दलदलपुर के महाराज की जय हो' के नारे—पर्दा गिरता है और महल का पर्दा—दो लोग सिंहासन लाकर धड़ाम से पटकते हैं।)**

एक : (*झुककर*) यह देख (*झुककर*) देख तो।

दो : मिला। पकड़ा। चुना।

एक : भागा। ढेर सारे खटमल हुए हैं इस सिंहासन में।

दो : कितने मारे। फिर भी हैं। महाराज का खून मीठा-मीठा है। खटमल को पसन्द है।

एक : इस राज्य में जब आदमी गरीबों का खून चूसते हैं तो फिर खटमलों की क्या बात? लोग बोलते हैं महाराज सिंहासन पर नहीं बैठते। सिंहासन मसलते हैं।

दो : सुना है अब सिर्फ खटमल मारने के लिए एक मन्त्री रखनेवाले हैं—

एक : हमने सुना कि कमिटी बिठानेवाले हैं—

दो : अरे कमिटी होती है देखरेख करने के लिए। मारनेवाला मन्त्री। उसका हक बनता है।

(भीतर से गूँज 'दलदलपुर के महाराज पधार रहे हैं–' दोनों अदब से खड़े। इतने में भी फुर्ती से एक खटमल मारते हैं। महाराज आते हैं। हाथ में ट्रांजिस्टर। पीछे प्रधान जी)

महाराज : *(सिंहासन पर बैठकर ट्रांजिस्टर बन्द करते हैं)* प्रधान जी, राज्य में बन्दोबस्त कैसा है?

प्रधान : महाराज–चतुः सीमाओं से रोज शत्रु भीतर आता है पर अपने आप बाहर चला जाता है। उसकी कोई तकलीफ नहीं है। पड़ोस के राज्य के नक्शे में–मानचित्र में हमारे राज्य के चार इलाके जोड़े हुए हैं–कम्प्लेंट आयी हुई है। अब इन्क्वायरी चल रही है कि उस इलाके में अपनी फौजें हैं या उस राज्य की फौजें हैं। इसकी भी फिलहाल कोई तकलीफ नहीं है। राज्य में आये दिन मोर्चे हड़ताल, दंगे चालू हैं, लेकिन अखबारों में सब कुछ 'शान्त है' वाली खबरें छपकर आ रही हैं। आप ही ने यह इन्तजाम किया-कराया है न। इसलिए इसकी भी कोई चिन्ता नहीं।

महाराज : अपने रॉकेट के लिए हल्के आदमी मिले? चाँद पर जाने के लिए?

प्रधान : तलाश जारी है। राज्य में जिधर देखो उधर हट्टे-कट्टे लोग दिखते हैं। दुबले-पतले आदमी ढूँढ़ने के लिए इसीलिए टाइम लग रहा है।

महाराज : टाइम लगता है! टाइम कैसे लगता है? राशन और कम कर डालिए। कंकड़ोंवाले चावल दो। लाल ज्वार दो। पिसी गेहूँ दो। उससे डायरिया होवेगा। फिर प्रजा हल्की मिलेगी। रॉकेट को चाहिए उतनी हल्की। हल्की होने तक सबका राशन कम कर डालो। जाओ।

प्रधान : जैसी आज्ञा। ऐसा कब का किया हुआ है। इतने में आएँगे अपने सेनापति। आते ही होंगे हल्के लोग लेकर।

(शाहिर और तुक्या को लेकर सेनापति और सैनिक आते हैं।)

तृतीय अंक

सेनापति : (*सलाम कर*) महाराज की जय हो।

महाराज : (*दो कैदियों को देखकर*) प्रधान जी, दुबले-पतले आदमी? (*नजदीक जाकर देखता है*) वाह! वाह! बोत अच्छा प्रधान जी। पापी की औलाद यह। क्या लाजवाब हैं ये हड्डियों के ढाँचे। अब हमारा रॉकेट सभी के आगे, सबसे पैले चाँद पे पहुँचेगा।

तुक्या : (*अनजाने में*) पर ये रॉकेट उड़ेगा कब?

प्रधान जी : ऐ बे। चुप बैठ।

शाहिर : हम नहीं बैठनेवाले रॉकेट में। कसम से नहीं। कहे देता हूँ मुझे छोड़ दो।

सेनापति : ऐ बे। चुप। वरना तेरा ही रॉकेट बना दूँगा।

शाहिर : ऐ जा बे। फालतू सिपाही कहीं का।

सेनापति : मैं और फालतू सिपाही क्या? (*गुस्सा*)

शाहिर : और नहीं तो क्या? ये डगला पहनने से और वह पगड़ी बाँधने से कोई सेनापति होता है क्या? मामूली कांस्टेबल तू। गरीबों पर लाठी चलानेवाला।

महाराज : (*चीखकर*) खामोश।

तुक्या : वाह! वाह!

महाराज : किसकी वाह बोल रहे हो रे पिंजर?

तुक्या : आपकी महाराज। क्या आवाज़ पायी है आपने। हाँ तो वह चाँद का मामला कब? वह रॉकेट या जॅकेट कब...?

महाराज : वो तो उड़ेगा जल्दी ही। तैयार है। दो हल्के आदमियों के कारण रुका था। अब मिले तो तुम लोग।

तुक्या : बहुत खूब।

शाहिर : मैं उस रॉकेट में घुसनेवाला नहीं हूँ। पहले ही बोल देता हूँ।

सेनापति : महाराज। ये बोले तो सिंहासन का इन्सल्ट है--यानी अपमान।

शाहिर : ये चट्टे-पट्टे वाले थू...

सेनापति : महाराज।

महाराज : (*चीखकर*) खामोश।

तुक्या : अहाहा। (*प्रेक्षकों से*) क्या गला पाया है।

(गृहमन्त्री का प्रवेश)

प्रधान : आइए गृहमन्त्री जी।

गृहमन्त्री : (*प्रवेश करता है।*) महाराज लड़ाई जीती तो। अपनी फतह हुई।

शाहिर : (*तुक्या से*) चल-चल ये तो अपने मुहल्ले का जगन्या दादा।

तुक्या : सेम टू सेम एकदम वैसा दिखता है।

शाहिर : ये क्या मजे हैं? (*गृहमन्त्री से*) राम राम जगन्या दादा...

गृहमन्त्री : (*गुस्से में और गृहमन्त्री के रोब से*) दस खत्म। पैंतीस जख्मी। पचास को कैद। दुश्मन दसों दिशा में भागा–

तुक्या : यानी जबरदस्त लड़ाई मारी तो...

शाहिर : अपने दादा की बात ही न्यारी है–

महाराज : प्रधान जी, गृहमन्त्री को 'दलदलपुर-विभूषण' बनाने का इन्तजाम करो–

प्रधान जी : जैसी आज्ञा महाराज! (*जाता है*)

महाराज : गृहमन्त्री कायको हुई लड़ाई इस टाइम? अपुन का दुश्मन कौन था? उतना बताओ।

गृहमन्त्री : शभू? वह झोपड़पट्टी वाला। दो-चार हजार झोपड़पट्टी वाले हाथ में झंडा पकड़े आये 'दलदलपुर की राजधानी' पर धावा बोले। अपुन का सैन्य उनपे बरसा। फिर क्या था? हम मर्दों के सामने उनके बीवी-बच्चों-बुड्ढों की क्या हैसियत? साला। जय अपुन की होनी थी। स्वरक्ष ऽ...णारथ अपुन की सेना को गोलीबारी करनी पड़ी।

महाराज : ये झोपड़पट्टी वाले आजकल भारी मगरूर होएले हैं। अपुन के राज्य का नम्बर एक का दुश्मन है। गृहमन्त्री जी, अब अपुन को चाँद पर रॉकेट उड़ाना है। सारी तैयारी होएली है। एकदम रेड्डीमेड। अब बस रॉकेट को...सिलगाने का। चट्। माचिस की तिल्ली जलाने की देरी...

गृहमन्त्री : जलाने का है क्या? फिर वो विरोधी पक्ष वाले को बुलाओ। वे

किसी में भी आग जला सकते हैं। और ऊपर से आग में घी भी डालने में फर्स्टक्लास। उनकी बराबरी कोई नहीं कर सकता। (*गाली बकने जैसा*) साले उनकी माय का...

शाहिर : पर मैं रॉकेट में उड़ने को तैयार नहीं हूँ। साफ कहे देता हूँ।

तुक्या : मैं 'तैयार' हूँ जी। (*शाहिर से*) चल रे! उतनी ही मौज-मस्ती।

शाहिर : मौज? मस्ती? अरे ये मौज नहीं सजा है सजा।

तुक्या : हाँ रे। सजा तो सजा। पर फुटपाथ की सीढ़ी को उतना ही बाय-बाय। इतनी देर भर क्यों न सही। सिर पर छत तो रहेगी। चल! तू चल चाँद पर। हम चाँद पर ऐश करेंगे। हम दो ही तो हैं। (*आँख से इशारा कर*) किसी को खबर भी नहीं होगी। चल।

शाहिर : तू पागल है क्या रे? साला—तिल्ली जलाने पर वो रॉकेट-फाकेट जल नहीं जाएगा? अरे अपनी तो इत्तीसी राख बन जाएगी। नहीं जाएँगे हम। अरे इनका क्या जाता है? देख तो वह जगन्या दादा और वो पट्टा पहनने वाला कैसे देख रहे हैं...

तुक्या : शाहिर लारी फुटपाथ पर चढ़ी तब भी हम जिन्दा रहे न? बोल रहे न? अपने को मारने वह यमदेव की क्या मति मारी गयी है? तू चल तो। तुझे बताता हूँ...

शाहिर : मत बता। मुझे यूँ मत मना...

महाराज : (*चीखकर*) खामोश।

तुक्या : (*कान साफ करते हुए*) वाह! बहोत खूब। देखो कान कैसे साफ हुआ फट् से। महाराज फिर से चीखिए। दूसरा कान साफ होएगा। (*सैनिक उसे डाँटते हैं*)

गृहमन्त्री : (*तुक्या-शाहिर के पास जाकर*) हाँ, हल्के हैं।

शाहिर : पर जगन्या दादा, तेरे लिए भारी हैं।

गृहमन्त्री : बीवी-बच्चे हैं क्या?

सेनापति : कोई दिखा नहीं। अकेले हैं। ये तो लँगड़ा ही है। किसी काम का नहीं।

गृहमन्त्री : खूब।

शाहिर : ऐ मच्छर की औलाद।

तुक्या : (*आवेग से*) तो फिर कब निकलने का रॉकेट में बैठकर? (*शाहिर से*) चल तू। मैं कहे देता हूँ।

गृहमन्त्री : ये मरेंगे तो भी कोई है नहीं रोने को। बढ़िया माल मिला।

तुक्या : मरेंगे भी तो यहाँ थोड़े मरेंगे?

गृहमन्त्री : (*नफरत से*) हूँ। इस रॉकेट में बैठनेवाला जिन्दा वापिस आएगा नहीं। ये एक्सपेरिमेंटल रॉकेट है। ये जलेगा पर इसके बादवाला जो उड़ेगा वो डायरेक्ट चाँद पर पहुँचकर आएगा। रॉकेट क्यों जलता है और आकाश में लोग कैसे मरते हैं ये जानने के लिए हमारे साइंटिरूट ये रॉकेट उड़ानेवाले हैं।

तुक्या : (*चौंककर*) क्या?

शाहिर : सुना?

तुक्या : यानी मरने के वास्ते हमको ऊपर भेज रहे हो?

प्रधान : तुम मानवता के कल्याण के वास्ते मरे हुए वीर होगे।

तुक्या : वाह रे!

सेनापति : तुम्हारे नाम से ईस्कूल कालिज ऑफिस को साल में एक दिन छुट्टी मिलेगी।

तुक्या : खूब!

गृहमन्त्री : तुम्हारे फोटो सब तरफ लगाएँगे।

तुक्या : वाह! गेट पर लगाएँगे?

सेनापति : हाँ लगाएँगे।

तुक्या : होटलों में?

सेनापति : हाँ।

तुक्या : उधर भी? क्या बात है। सॅलून में?

सेनापति : उधर भी।

तुक्या : संडासों पर?

सेनापति : लगाएँगे तो।

तुक्या : हाँ? और पेशाबघरों पर?

सेनापति : और नहीं तो क्या? लगाएँगे।

तुक्या : लगाएँगे। पर हम नहीं मरेंगे। (*शाहिर से*) चल रे भाई! ये मरने के धन्धे नहीं मँगते। चल तू। (*औरों से*) राम राम। हम चले। (*शाहिर को खींचते हुए*) चल रे तू। पैले चल।

महाराज : (*चीखकर*) खामोश। कौन है उधर? अरे पकड़ो इन दोनों हरामखोरों को। फेंको अंधेर कोठरी में।

(सैनिक दोनों को पकड़ते हैं। शाहिर छूटने की कोशिश करता है पर दोनों के हाथों में हथकड़ियाँ हैं।)

सेनापति! देखते क्या हो? रॉकेट के वास्ते दो हल्के आदमी ढूँढ़ो। अर्जेंट ढूँढ़ो। जाओ। कहीं से भी लावो। (*सेनापति सलाम करके जाता है।*)

गृहमन्त्री, पूछो हमारा रॉकेट कब उड़ेगा। उस ज्योतिषी को। और आज का मुहूर्त खराब बतानेवाले उस भिक्षुक पर राजद्रोह का इल्जाम थोपो। काटो उसके हाथ-पाँव।

(गृहमन्त्री सलाम करके जाता है।)

प्रधान जी। दौड़के जाओ, भागते आओ। जाओ ये दस पैसों के कांदाभजी...अरे प्याज के पकौड़े लाओ। पैसे ले जाओ। जाते-जाते ये 'सिंहासण' भी भीतर रखके जाओ।

(प्रधान सलाम कर सिंहासन के साथ हाँफते हुए जाता है।)

उफ्! इस राज कारोबार के घनचक्कर में पकौड़े खाने को भी टाइम नहीं है। हमेशा मिठाई खानी पड़ती है।

(खुद भी जाता है।)

(सुन्दरी 'नर्तिका गजरा' बनकर छन-छन करते आती है। साथ में उसका चमचा-सखा।)

सुन्दरी : (*लजाकर*) रात ढल गयी। चाँद भी असमान में—इस अँचरा की तरह ढल गया। फिर भी ये ...'जी' कैसे नहीं आये? सखा, किधर गये होंगे रे?

सखा : (*प्रेक्षकों में ढूँढ़ने का प्रयत्न करता है*) इधर भी नहीं, कहीं भी नहीं दिख रहे। (*प्रेक्षकों से आँख से इशारा कर*) इधर दिखेंगे भी कैसे? उनकी घुमक्कड़ी सर्विस है न। बुलाने पर जाना पड़ता है। वरना डिसमिस। गये होंगे कहीं गाने-बजाने। पर इस छमछम को कैसे बताऊँ? देखो कैसी तड़प रही है? (*उससे*) गजराबाई, जरा सबूरी। आएँगे।

(सुन्दरी तड़प में 'लावणी' नृत्य करती है। सैनिक प्रमुख आता है। कलाई पर गजरा।)

सैनिक : मार्व्हलस। सिंपली वंडरफुल। फर्स्टक्लास। एकदम फर्स्टक्लास।

सुन्दरी : कौन? (*लजाकर* चूर-चूर) आप हैं जी। देर कर दी?

सैनिक : क्या करता? दो जनों को अँधेरी कोठरी में डालने का महाराज का यानी उस पागल का आर्डर था। सारी अँधरी कोठरियाँ, तहखाने चैक किये। सबके सब फुल। हाउसफुल। ऊपर से एडवांस

बुकिंग भी।

सखा : ये किसलिए?

सैनिक : वो हमारा जेल मुखिया। उलटी खोपड़ी का। उसने सारे जेलखानों को गेस्टहाउस बना दिया है। एक तारीख से। वो अर्थमन्त्री चूहे की मूँछवाला। उसने बोला राज्य को ज्यादा इनकम मँगता। फिर क्या। इस सिरफिरे का ऑर्डर। सारे जेलों को गेस्टहाउस करो। अब एक भी कोठरी खाली नहीं। वे आज पकड़े हुए साढ़े तीन तंगडियोंवाले उन्हें लेकर दस मील चला हूँ।

सुन्दरी : अरे ये। फिर?

सैनिक : उफ्। वे यदि भाग जाएँगे न तो कल मेरी खोपड़ी कत्ल समझो। बाहर, गली में दोनों को खड़ा कर आया हूँ। अन्दर लाता हूँ।

सखा : अभी?

सैनिक : तनिक नज़र रहेगी उन पर। (*जाता है और हथकड़ियाँ पहने हुए शाहिर-तुक्या को ले आता है।*)

तुक्या : (*गजरा को देख*) वाह! (*सैनिक से*) क्या कलर है?

सैनिक : ए बे। चुपचाप आओ। चुप रहो वरना दोनों की जबान खींचूँगा। (*गजरा के पास आकर उस के गाल को हाथ लगाकर*) मेरी लाड़ली री...

(शाहिर-तुक्या देखते हैं।)

डारलिंग री। पराण प्रिय...

(गजरा हाथ झटककर उन दोनों की ओर इशारा करती है।)

सैनिक : अरी वे क्या करेंगे अपने को? (*उन दोनों के पास जाकर*) ए बे। उधर देखो। इधर पीठ करो। साला किधर देखने का वो भी नहीं समझता।

शाहिर : नहीं। वह समझ रहा था इसलिए तो...देख रहा था...

सैनिक : (*लाफा मारने का एक्शन*) चुप रहो। वरना खात्मा करूँगा—मेरे कब्जे में हो। याद रखो। (*गजरा के पास*) माय लव। माय इस्पिक हार्ट...

(वह बेमन से दूर हटती है।)

शाहिर : बन्दर क्या जाने अदरक का स्वाद।

सैनिक : (*उसे मारने दौड़ता है।*) चुप रहते हो या दिखा दूँ?

तुक्या : जो कुछ दिखाना है उधर दिखाओ। सरदार, हमें दिखाकर क्या

फायदा?

(सैनिक गुर्राता है। गजरा का हाथ पकड़ने की चेष्टा करता है। वह हाथ झटकती है। वह फिर से कोशिश करता है। वह तैयार नहीं।)

सखा : गजरा ए री क्या? अभी-अभी तो प्यासी बनी थी—छटपटा रही थी और अब? अचानक ये क्या हुआ?

(गजरा लावणी पर नृत्य करती है—गाने का अर्थ है—सब के सामने हाथ मत पकड़ो, लोग क्या कहेंगे।)

सैनिक : ठीक है। इन दोनों को कोठरी में फेंककर ही आता हूँ। (दोनों को) चल रे—

(ले जाता है। धक्का देते हुए। दूसरी ओर से गजरा और सखा जाते हैं। जहाँ से गये हैं वहीं से शाहिर और तुक्या वापस स्टेज पर आते हैं। शाहिर खड़ा है। तुक्या बैठा है।)

शाहिर : क्यों शहंशाह। तबीयत खुश है न?

तुक्या : इस अँधेरी कोठरी में दस दिन गुज़रे। आज का ग्यारहवाँ दिन।

शाहिर : अब ऐसे ही दिन गिनते रहने के। 'आखिरी दिन' आने तक...

तुक्या : क्या मज़ाक है रे यह! पैर कटा तब भी जिन्दा रहा। क्या यहाँ सड़ने के लिए? ईश्वर की लीला भी अगम है रे!

शाहिर : आदमी की लीला भी समझ के परे है। साला, ईश्वर ने दुनिया रची तब उसके हाथों में पक्का जादू था जादू। देख तो आसमान का रंग। फूल का रूप। बच्चे का शब्द सुनो। सब जादू ही जादू। साँस लेना भी भूले कोई। इतना जादू बिखरा है दुनिया में। पर किधर गड़बड़ हुई? सुख का निवाला भी आदमी के लिए महँगा बना। इनसान की जान की ही कोई कीमत नहीं बची। ऐरे-गैरे सिरचढ़े हो गये। और इस ईश्वर की सुन्दर दुनिया को मिट्टी में मिला दिया। सब गुड़-गोबर एक हुआ रे!

(गाना--'आदमी ने आदमी की क्या दुर्गत बनाई' के अर्थवाला)

तुक्या : ईश्वर की दुनिया का भले ही हुआ हो कचरा पर तेरे गले में तो आसमान के रंग, फूल का रूप, बच्चे का शब्द समा गया रे शाहिर!

शाहिर : मानुष जाति पर ही गुस्सा आता है रे!

तुक्या : शाहिर, बच्चों पर गुस्सा नहीं करना चाहिए।

शाहिर : (*गुस्से में*) क्या? ये आदमी की औलाद, तुक्या, ये बच्चे नहीं हैं।

ये और बच्चे?' दाढ़ी-मूँछें, बाल बढ़े हुए ये ताडमाड की जाति। कब रे अक्ल आएगी?

तुक्या : शाहिर, इतने बड़े वो भगवान बुद्ध हुए। महात्मा गाँधी, महात्मा ज्योतिबा फुले और अपने वो आम्बेडकर महात्मा भी...जान छिटकी इन्होंने रे! तब जाके कहीं मांस के इस लौंद ने, आँखें मूँदे, मुट्ठी बन्द किये लौंद ने तनिक आँखें खोलीं—मूँदी-खोलीं। अरे, और कितने ही महात्माओं को आना है तब जाकर कहीं ये आँखें पूरी खुलेंगी। तब वे अपने पैरों पर खड़े रहेंगे। अब कहीं ये लड़खड़ाते खड़े होना सीख रहे हैं रे! शाहिर, बच्चे बड़े हो रहे हैं रे! पर...पर स्लो है स्पीड। उसपर गुस्सा कैसा रे? उसे बताते रहो। समझाते रहो। नहीं समझे फिर भी समझाते रहो। नहीं समझे तब भी गुस्सा मत करना। ना ही बताने को रुकना नहीं। क्यों?

शाहिर : (*भावविह्वल होकर, तुक्या के चरण स्पर्श करता है*) तुक्या, कभी-कभी लजाते हो हमें तुम। पागल दिखते हो, लेकिन बहुत ज्ञानी हो तुक्या। लँगड़ा बाल किस्सा रे तू!

तुक्या : और सफेद बालों वाला भी (*ठहाका लगाता है।*)

(बाहर से प्रहरी की डाँट। ऐ बे। कौन हँसता है। चुप बैठो।)

शाहिर : पर ऐसा कितने दिन रहने का? इस अँधेरे में?

तुक्या : क्या करने का? यहाँ से कहाँ छुटकारा है?

शाहिर : लेकिन यह तो जीते जी मरना है रे तुक्या।

तुक्या : मरने से तो अच्छा है शाहिर। जान तो है।

शाहिर : (*आवेग में*) तुक्या, ऐसे जीने से तो मरना बेहतर है। एक ही बार जो भोगना है सो।

तुक्या : मैं मरनेवाला नहीं हूँ।

शाहिर : कभी भी?

तुक्या : जागते हुए तो कभी नहीं। शाहिर, आदमी का जन्म। मनुष्य का जन्म बार-बार नहीं मिलता। जन्म देते हुए हमारी माँ ने क्या-क्या यातना सही है रे! सीने में पंचप्रान निचोड़-निचोड़ कर उसने जन्म दिया है हमें। शाहिर, बखत आएगा तो दूसरा पैर दूँगा। दोनों हाथ, आँख, कान सब दूँगा। उफ् नहीं करूँगा। पर जान नहीं दूँगा। जिगर जान से बहोऽऽत प्यार है मुझे।

शाहिर : (*उसे कन्धे से झकझोरते हुए*) तुक्या रे! अरे इस अँधेरे से बाहर

निकलने को मिला तो अच्छा लगेगा न?

(पीछे महाराज प्रहरी के साथ)

तुक्या : मैं भाग नहीं सकता न। लँगड़ा हूँ। पर तू जा। मैं रहूँगा। मेरी फिकिर मत कर। सबको मेरा प्रणाम बोल दे। जा। बोलो उनसे कि फुटपाथ का सम्राट सलामत है।

शाहिर : तुझे क्या लगा मैं भागने की सोच रहा हूँ? नहीं रे! जाएँगे तो शान से जाएँगे।

तुक्या : तू ठीक तो है?

शाहिर : हम महाराज के पास जाएँगे। कहेंगे—हम रॉकेट में बैठ चाँद पर जाने के लिए तैयार हैं।

तुक्या : मैं नहीं...

शाहिर : नहीं। तू भी तैयार है जाने को। पर महाराज—हमारी एक शर्त है। शर्त।

तुक्या : (*महाराज की भूमिका में*) शर्त? कौन-सी शर्त?

शाहिर : उड़ने के पहले जो हम माँगेंगे वह हमें आपको देना पड़ेगा।

तुक्या : क्या चाहिए?

शाहिर : एक फर्स्टक्लास बंगला।

तुक्या : दिया—

शाहिर : खाली बंगला नहीं—एअरकंडिशन।

तुक्या : दिया।

शाहिर : फर्निश।

तुक्या : हुआ।

शाहिर : कार चाहिए—इंपाला...

तुक्या : आयी—दी—

शाहिर : पर चलाएगा कौन? शॉफर भी चाहिए।

तुक्या : हाँ बैठा है कार में।

शाहिर : फिर भी कुछ कम ही है।

तुक्या : क्या?

शाहिर : वो वो ये...चाहिए—यानी...

तुक्या : चारमिनार सिगरेट पाकिट ना? दिया।

शाहिर : नहीं नहीं। ये...वे...वो...प...पखेरू...

तुक्या : पखेरू? तोता न? दिया। लो ईरान का है।

शाहिर : नहीं ये—ऐसा नहीं। कैसे बताऊँ?

तुक्या : हाँ हिन्दी में ही कहो—

शाहिर : वह पखेरू। बगैर पर का फड़फड़ाता रहता है। बगैर चोंच का डंक मारता है। सीने से लगा लो तो चूँ चूँ करता है...

तुक्या : वह पखेरू?

शाहिर : हाँ वही—अपनी गजरा नाचनेवाली-सा—

तुक्या : एक बस या दो चाहिए?

(महाराज वैसे ही निकल जाते हैं। प्रहरी भी)

शाहिर : दो कायको? एक बस।

तुक्या : एक से कैसे चलेगा?

शाहिर : अकेले को दो क्यों चाहिए?

तुक्या : तुम अकेले हो क्या?

शाहिर : हाँ तो। (*झट् से याद आता है।*) नहीं-नहीं—दो हैं। दो पखेरू लगेंगे।

तुक्या : लँगड़े का क्या करना है? उसे ये पर काफी है। (*मयूर पर टोपी में खोंसता है।*) तुम लो पखेरू।

शाहिर : (*अपराधी मुद्रा में*) यानी-यानी वैसा नहीं कहना था मुझे...

तुक्या : होगा भी तो क्या हुआ। गलत थोड़े है? अरे मैं ऐसा। मुझे क्या करना है पखेरू? मैं हूँ इस दुनिया की राह का अपंग पथिक। सभी करेंगे वह देखने में ही मुझे सन्तोष है। ठीक है। हम जाएँगे और माँगेंगे। दिया तो वाहवा। नहीं दिया तो अपना ये महल है ही। पर शाहिर यदि राजा ये शर्तें पूरी करेगा तब?

शाहिर : फिर रोष करेंगे।

तुक्या : उसके बाद?

शाहिर : फिर...फिर (*नासमझी में*)

तुक्या : रॉकेट में जाना नहीं है? वे जहाँ पहुँचाएँगे वहाँ? तुम जैसे कहोगे वैसे। मैं बीच में नहीं आऊँगा।

शाहिर : (*उत्साह से*) तुक्या, ये सब अमीरी हमें मिलेगी तो क्या होगा रे?

तुक्या : क्या होगा? दो-चार बीमारियाँ होंगी।

शाहिर : वह बात नहीं रे! अच्छा खा-पीके हम महाराज जैसे जिएँगे। रोष

में—

तुक्या : यानी वैसे? क्रूर?

शाहिर : तुक्या तू समझता क्यों नहीं? अरे! हम हट्टे-कट्टे नहीं हो जाएँगे?

तुक्या : कैसे दिखोगे रे तुम तब? और मैं?

(पीछे विशिष्ट कपड़े और गजरा को लेकर सैनिक आते हैं लाइन से।)

शाहिर : अरे वह रहने दे। तब हम हल्के थोड़े रहेंगे। फिर रॉकेट में जाने से बचेंगे। उनको हल्के लोग चाहिए न? हम तो तब मोटे-तगड़े हो गये होंगे। तब वे हम पर जबरदस्ती कर ही नहीं सकते। बोल! है न भारी आइडिया? मिला हाथ। (*हँसता है जोर-जोर से और पीछे सैनिक देखकर बुत बन जाता है।*)

तुक्या : (*देखकर*) मैं सपने में तो नहीं हूँ?

(खुद को चिकुटी काटकर देखता है।)

शाहिर : (*मुश्किल में*) अरे! ये क्या? क्या है यहाँ। ये तो अंधेर कोठरी है। अरे तुम राह भटके क्या? यहाँ हम रहते हैं—

सैनिक प्रमुख : (*गुस्से में*) मालूम है। महाराज का हुहुम है पहनो ये कपड़े। सालो, और कोई जगह थी नहीं माँगने को? हमारे सुख की होली जलायी। ये भी तुम्हारी। (*गजरा को आगे ढकेलता है।*) बंगला बना है। बाहर कार खड़ी है। कपड़े पहनो और चलो बंगले पर। (*वे दोनों बुत बने हुए।*)

(*चीखकर*) चलो।

(दोनों हड़बड़ाकर कपड़े देखते हैं—पहनने लगते हैं। गजरा मदद कर रही है। सैनिक प्रमुख तिलमिलाकर रह जाता है। दोनों तैयार हो जाते हैं। सब गलत पहना हुआ। सैनिक सलाम करते हैं। सैनिक प्रमुख भी मजबूरी में सलाम करता है। दोनों निकलते हैं। साथ में गजरा भी। दूसरे लोग पीछे। पीछे ढोलक बजती है। शंखनाद। सभी भीतर जाते हैं।)

चतुर्थ अंक

[एक ओर से सामने से मैनेजर और इंग्लिश होटल के वेटर-सा दिखनेवाला आदमी दोनों आते हैं। उनके पीछे दो लोग–शाहिर और गजरा। शाहिर मालिक के रोब में। तृतीय अंक के अन्त में पहने हुए कपड़े। गजरा भी वैसी ही।]

मैनेजर : (*अंग्रेजी स्टाइल से*) आ, ऐसे आ। ये टोरा बंगलो–

शाहिर : छी-छी-छी! किसने रे तुझे हिन्दी सिखाई? सर? तू सरक–यानी खिसक पैले दूर। साला मालिक को अरे तूरे करता है? आओ, जाओ कहना चाहिए। और 'ए टोरा बंगलो' यानी क्या? कहना चाहिए 'ये हमारा बंगला...'

मैनेजर : सर...

शाहिर : गजरा जी!

गजरा : (*लजाकर*) 'जी' कायको कहने का? आपकी ही तो हो गयी हूँ...

शाहिर : गजरा–इस खिरिस्ती साब को हिन्दी सिखा। कल से एक मास्टर रख इसके लिए। नहीं, मास्टर नहीं प्रोफेसर रख। प्रोफेसर! वो उधर कालिज में मिलते हैं। एक को कितना रोकड़ा लगता है देख। कर दे शुरू टिवशन।

गजरा : जी।

मैनेजर : सर, ये हाल।

शाहिर : हाल? ठीक है। क्यों गजरा?

गजरा : बोहोत शानदार जी। राजा के महल जैसे।

शाहिर : यहाँ जरा वो-वो कर डालो–ऐसा-वैसा कुछ भी। दस-बीस हजार खर्च करो।

मैनेजर : सर, ये काउबॉय।

शाहिर : नहीं, वो...वो... क्या बोलते इंटर डेकोशन...वहीच।

मैनेजर : इंटीरियर डेकोरेशन, सर?

शाहिर : ज्यादा होशियारी नहीं। समझो और करो।

मैनेजर : (*आगे बढ़कर*) ये फ्रिज, सर।

शाहिर : अब क्या हुआ? प्लिज कायको बोला?

मैनेजर : नॉट प्लिज, फ्रिज-फ्रिज (*दिखाता है।*)

गजरा : इसमें सबऽ कुछ ठंडा ठंऽऽडा रहता है। गर्मी में अहाहा...जान को ठंडक लगती है।

शाहिर : तू है न। तेरे रहने पर गजरा, सब कुछ ठंडा ही ठंडा लगता है देख।

गजरा : (*लजाकर*) हटो जी—

शाहिर : चलो चलो। मैनेजर...वो अपना वो बेडरूम किधर है? वो जल्दी दिखावो...है न बंगले में बेडरूम?

मैनेजर : (*आँख मारकर, अंगूठे और तर्जनी की एक्शन कर*) फर्स्ट क्लास। सर। एकदम...

शाहिर : हाँ क्या? हमसे पैले ही देखा? खाली देखा...या...

मैनेजर : (*संकोच से आँखें झुकाकर*) सर...

शाहिर : और वो अपना वो किधर है?

मैनेजर : बाथरूम? सर, अटैच्ड टू इच रूम। हर हॉल के साथ बाथरूम—सर।

शाहिर : वो नहीं रे—वो यानी एअर कंडीशंड। वो है न बंगले में?

गजरा : ये क्या कह रहे हो जी? जबसे बंगले में आये हैं तब से ठंडा नहीं लग रहा है क्या?

शाहिर : (*हँसकर*) अच्छा अच्छा उसी के कारण ठंडा लग रहा है क्या? साला मुझे लगा तू है साथ में इसलिए...पर अपना तुक्या किधर गया? गाड़ी में ही रहा क्या? बोहोत सुख में है तुक्या मर्द।

गजरा : हम अन्दर आये तभी वो बाहर थे जी।

शाहिर : लेकिन इतना टाइम बाहर क्या कर रहा है? (*पुकारता है*) तुक्या ऽऽ तुक्या रे...

गजरा : (*प्यार से रोककर*) ऐसे चिल्लाते नहीं बंगले में—

शाहिर : तो फिर?

गजरा : (*काल्पनिक स्विच दबाने-सा एक्शन करती है। म्युज़िकल बेल बजती है। नौकर अदब से आता है*) बाहर शेठ है उनको अन्दर लेके आवो...

(नौकर जाता है।)

शाहिर : ऐसा झंझट है तो। क्या पता ये सब? कभी सपने में भी नहीं सोचा था कि इतना सुख मिलेगा। बोऽहोऽत सुख। सुख ही सुख है, देख लो।

(तुक्या आता है। गम्भीर है।)

तुक्या : पुकारा क्या मुझे?

शाहिर : (*मुँह फेरकर खड़ा है। नौकर समझकर*) दो चाय लाओ (*मुड़कर*) तू है क्या? (*मुस्कुराकर*) मुझे लगा नौकर है—

तुक्या : बोलो वैसे। वही सच है। रास्ते पर का बैल जानवर। कितना भी सजाया तो नंदी थोड़े बनेगा? टाँगे का घोड़ा। कितना भी नहलाया, सजाया तो भी स्टेशन की राह पर ही दौड़ने वाला।

शाहिर : तुक्या-तुक्या रे सब सपना है रे!

तुक्या : हाँ इसे भूलो मत। जो जल्दी खत्म होता है उसे सपना कहते हैं।

(एक नौकर काल्पनिक ट्रे में काल्पनिक ड्रिंक्स लाता है। गजरा सबको देती है। नौकर चला जाता है।)

शाहिर : इस गिलास में पीते हैं क्या?

गजरा : हाँ तो। महँगे हैं भारी।

शाहिर : लगता है गिलास पर की नक्काशी मुँह में जाएगी। तुक्या, अरे देख तो क्या चीज है।

(खुद मन लगाकर पी रहा है।)

तुक्या : (*संकोच में*) यहाँ कहीं कान टूटा कप मिलेगा?

शाहिर : (*जोर से हँसकर*) तुक्या तेरी चक्करबाजी कम नहीं होएगी...वैसे ही पी ले।

(टेलीफोन का बेल बजता है।)

क्या बज रहा है?

(गजरा जाके काल्पनिक टेलीफोन पर सफाई से बात कर रही है। 'रांग नम्बर' कहकर रख देती है।)

टेलिफोन क्या!

(गजरा एक ओर जाकर काल्पनिक रेडियो का बटन घुमाती है। रेडियो पर पाश्चात्य संगीत—बटन घुमाती है। रेडियो बन्द।)

ऐ? रेडियो भी है?

मैनेजर : ऑल रेडी सर। सब तैयार।

शाहिर : समझा। बीच-बीच में मत बोलो। खराब लगता है। जाओ तुम। काम करो अपना।

मैनेजर : भोजन कब चाहिए, सर?

शाहिर : परोसो। भूख लगी है। उस साली अंधेर कोठरी में बाजरे की रोटी में कंकड़ और शोरबे में कोक्रोच। मुम्बई में मिलनेवाली राइस प्लेट की माफिक।

(तुक्या जमीन पर ही बैठा है)

तुक्या : तानिक तमाखू मँगता था।

(शाहिर काल्पनिक बटन दबाता है लेकिन दीए जल-बुझ उठते हैं।)

(गजरा उचित बटन दबाती है। म्युजिकल बेल बजती है।)

गजरा : यही बेल दबानी थी न? *(उसकी उँगली पर उँगली है)*

(नौकर खड़ा ही है।)

शाहिर : हाँ बजी। देख तो भीतर खून में भी बजने लगी।

तुक्या : *(नौकर से)* उनका चलने दे। तू इधर आ। वन्या नाम तेरा?

नौकर : बेअरा—

तुक्या : इससे अच्छा नाम नहीं सूझा तेरे बाप को? नाम क्या तो बेअरा। जाओ—जरा दस नम्बर तमाखू लाओ। साथ में पत्ता, कत्था भी लाना। चूना मत भूलना। देख।

(वह जाता है।)

गजरा : *(तुक्या से)* आप नीचे क्यों भला बैठे हैं?

तुक्या : अपनी सीढ़ी से आगे नहीं बढ़ना चाहिए अपनी औकात...

गजरा : ऐसा अच्छा नहीं दिखता। मिट्टी में बैठना।

तुक्या : वह...नौकर के सामने तुम दोनों का जो चल रहा था वह अच्छा दिख रहा था क्या?

गजरा : उसमें क्या बुरा था?

तुक्या : तो फिर मैं यहाँ बैठा हूँ उसमें क्या बुरा है? जिसकी कोख से जन्मा हूँ उसी की धरती माँ की गोद में बैठा हूँ—

गजरा : *(शाहिर के पास जाकर)* उनसे कहिए भला। देखो कैसे बैठे हैं बंगले में—मानो फुटपाथ पर बैठे हैं—

शाहिर : *(तुक्या से)* तुक्या साले! क्या रे! तुझे कुछ म्यॉनर्स?

तुक्या : *(उसे देखते हुए)* वाह! बहुत खूब!

शाहिर : ऊपर बैठो उस कोच में।

तुक्या : मेरी सुनोगे शाहिर? शाहिर, ये कोच, ये ऐशो-आराम, ये बंगला-गाड़ी सब माया है माया। कुछ भी सच नहीं है।

शाहिर : क्यों? गजरा भी सच नहीं है? तुक्या—ऐशो-आराम देखकर पागल हो गये हो तुम। कभी देखा नहीं था न साले ऐसा कुछ। मिलना तो दूर था। तेरी नज़र घूम गयी है। अक्ल पर पत्थर पड़ गया है। समझे?

तुक्या : शाहिर ये तो तुम अपनी बात कह रहे हो। यह तुक्या जहाँ था वहीं पर है। और वहीं पर रहेगा—मरने तक। फुटपाथ का सम्राट है यह।

शाहिर : (*गजरा से*) गजरा री...हाँ, गजर—ये बंगले वाले ऐसे ही लाड़ले नाम से बुलाते हैं न। चल। इस तुक्या को रहने दे इधर। मैं गाता हूँ। तू नाच। उसके बगैर ये पेट में उछलता आनन्द चुप नहीं होगा। उछल-उछल रहा है।

(गजरा हाँ कहती है। पैरों में घुंघरू बाँधती है। एक नौकर आता है। हाथ में ढोलक। शाहिर का गाना—गजरा का नाच। बाद में शाहिर ढोलक बजाता है और गजरा नाचते-नाचते भीतर जाती है। और बाहर आती है—पाश्चात्य कपड़ों में—फिर उस तरह का नाच। सिर्फ ढोलक। गजरा थककर शाहिर से चिपक जाती है।)

तुक्या : (*नौकर का लाया पान मुँह में। वैसा ही ज़मीन पर बैठा हुआ।*) नंगा नाच खत्म हुआ?

शाहिर : (*गुस्से में*) ये नंगा नाच है?

तुक्या : अपुन गँवार लोग बाबा।

शाहिर : अपुन नहीं। सिर्फ तू। तू।

तुक्या : जैसी तेरी मर्जी। मैं गँवार तो गँवार। जो दिखा वह बोला। ध्यान मत दो।

शाहिर : तुक्या, तू बदल गया है।

तुक्या : शाहिर मैं नहीं, तू बदल गया है।

शाहिर : तेरे संग बात करने में मतलब नहीं है।

तुक्या : नहीं। मेरा ही किसी से बात करने का मतलब नहीं। ये लगा दिया ताला मैंने मुँह पर (*वैसे हाव-भाव।*) बस।

शाहिर : बस तो बस। (*गजरा से*) वो फुटपाथ का जहर इसकी नस-नस में फैला है। वहीं का बर्ताव-हावभाव। एकदम ज़हर। मिल गया एक बार खून में कि बस। नहीं निकलता। इसीलिए ये अमीरी, ये शान इससे बर्दाश्त नहीं हो रही है...।

(तुक्या चुप)

गजरा : जाने दो न। हम हैं न एक-दूसरे के लिए।

शाहिर : हाँ हाँ, गजर डारलिंग, चल। हम ताजमहल होटल में चलते हैं चाय पीने। इसे बैठने दो इधर ऐसे है।

गजरा : (*बोल दबाकर, आये हुए नौकर से*) शोफर को बोलो साब ताजमहल होटल जा रहे हैं।

(नौकर जाता है। वापस आकर कहता है–गाड़ी तैयार है। वे दोनों जाते हैं। हाथ में हाथ डाले। तुक्या लँगड़ाते दूसरी ओर जा बैठता है। स्टेज पर तीन कुर्सियाँ रख दी जाती हैं। एक आगे, दो पीछे। आगेवाली में शोफर आकर बैठता है। गजरा और शाहिर काल्पनिक कार की पिछली सीट पर बैठ जाते हैं।)

गजरा : शोफर! चलो।

(भीतर ढोलक की आवाज़। पहले धीमी–बाद में द्रुत लय। शोफर गाड़ी स्टार्ट करता है। दोनों कार की गति अपने हाव-भाव से दिखाते हैं।)

शाहिर : (*शोफर से*) साले धीरे चला। मरा होता न वह भिखारी अब। ऐ?

गजरा : तो? बीच में क्यों आया वह? मरता तो मरता। है तो भिखारी ही?

शाहिर : क्या उसके जान नहीं है?

गजरा : ऐ जी। ऐसा क्या कर रहे जी? कार में बैठने वालों ने पैदल चलने वालों के बारे में सोचना नहीं मँगता। ऐसा सोचेंगे तो कार से कहीं जाने को नहीं आएगा। और ये शोफर क्या कहेगा?

शाहिर : ये गाड़ी हाँकनेवाला? क्या बोलेगा?

गजरा : हँसेगा न हम पर।

शाहिर : ऐसा क्या? ये गाड़ी हाँकने वाला हम पर हँसेगा? लात से उड़ाऊँगा न मैं उसे। निकाल दूँगा साले को–

गजरा : श्यू ऽऽ! ऐसे क्या कर रहे हो? सुनेगा वह तो? और चला गया तो?

शाहिर : दूसरा रखेंगे। क्या फोकट में काम करते हैं क्या। गिनकर पैसे लेते हैं साले!

गजरा : दूसरा मिलेगा नहीं। इनकी यूनियन रहती है। एक को निकालो तो दूसरा काम करने को तैयार नहीं होता।

शाहिर : ऐसा कैसा?

गजरा : और ये भी कोरट में जाएगा। नुकसान-भरपाई देनी पड़ेगी।

शाहिर : अपनी गलती न होते हुए भी?

गजरा : वो कौन देखता है? आजकल मालिक लोगों पर कोई भरोसा नहीं करता।

शाहिर : (*बीच में ही*) अरे अरे क्या कर रहे हो? साले, गाड़ी फुटपाथ पर क्यों चढ़ायी? किसी को लगा तो नहीं। किसी को धक्का लगता तो...रुको-रोको गाड़ी पैले। (*उतरने लगता है*)

गजरा : (*उसे रोकते हुए*) किसी को लगा भी तो कार में से उतरने का नहीं।

शाहिर : तो फिर?

गजरा : वैसे ही आगे निकल जाने का। खाली टाइम वेस्ट नहीं करने का।

शाहिर : लेकिन इसने गाड़ी फुटपाथ पर चढ़ाई ही क्यों?

गजरा : देख नहीं रहे हो क्या—ये रास्ते में ठेलेवाले बैठे हैं।

शाहिर : रोको गाड़ी। मैं सबको समझाता हूँ। साले, गाड़ी चलने के लिए रास्ता तक नहीं छोड़ते। रोको। मैं उतरता हूँ। यह रास्ता है या बाज़ार? ऐसे तो किसी की नाहक जान जाएगी।

गजरा : ये सब कुछ क्या वे जानते नहीं?

शाहिर : फिर क्यों रास्ते पर बैठे हैं इस कदर? रास्ता रोके हुए?

गजरा : म्युनिसिपाल्टी इन्हें उठाती नहीं इसलिए...

शाहिद : ड्राइवर, गाड़ी म्युनिसिपाल्टी में लो—

गजरा : किसलिए? ड्राइवर ताजमहल होटल चलो।

शाहिर : ड्राइवर, म्युनिसिपाल्टी पहले।

गजरा : म्युनिसिपाल्टी चलकर क्या करोगे। ड्राइवर ताज होटल चलो।

शाहिर : पूछूँगा उनसे कि ये उल्टा मामला क्या है। क्यों है? रास्ते में ठेलेवाले खड़े रहते हैं। गाड़ियाँ फुटपाथ पर चढ़ती हैं। कार के नीचे कोई मरेगा तो म्युनिसिपाल्टी उसकी जान लौटाएगी? क्या दलदलपुरी है यह।

गजरा : बराबर। सही। दलदलपुरी ही है। म्युनिसिपाल्टी में कुश्ती के अखाड़े हैं यहाँ।

शाहिर : और शहर के प्रश्न कैसे हल होते हैं?

गजरा : रास्ते पर। सारे प्रश्न यहीं रास्ते में सुलझते हैं।

शाहिर : यानी गाड़ी के नीचे जाते हैं न? हाँ, एक बार गाड़ी के नीचे गया तो सवाल हल हुआ ही न।

गजरा : जोर से मत बोलो। ड्राइवर हँसेगा।

शाहिर : फिर से वही। ये कौन तीसमार खाँ लग गया जो मालिक पर हँसेगा?

गजरा : लो आ गया ताजमहल होटल। उतरो जी।

शाहिर : (*उतरकर देखता है*) ये नहीं होगा। कहीं और होगा ताजमहल होटल।

गजरा : अजी यही है।

शाहिर : ये? मटमैला? धुएँ जैसा? किसी मसजिद जैसा? ये ताजमहल होटल?

गजरा : इधर बड्डे-बड्डे लोग खाना खाने आते हैं, नाचते हैं। बाल कटवा भी लेते हैं। औरतें भी।

शाहिर : बाल कटवाते हैं? ठीक है। उसके लिए अच्छी जगह है। पर ये ताजमहल होटल? यानी वह आगरे का? उसका नाम नहीं है ताजमहल?

गजरा : चलो जी, अन्दर चलो। वरना कोई हँसेगा।

शाहिर : हँसेगा?

गजरा : श्यू ऽऽ चुप।

(दोनों गोल घूमते हैं। शाहिर आगे चल रहा है। गजरा उसे पीछे खींचती है।)

शाहिर : और ऊपर किधर चली? यहीं पर तो...

गजरा : ना। इधर बाल काटते होंगे। आपुन चाय पीएँगे। पीएँगे ना?

शाहिर : चाय इधर मिल रही है।

गजरा : अरे!

(दोनों कुर्सियों की पोजीशन बदलकर बैठ जाते हैं।)

शाहिर : आज इधर की भी लाइट गुल हुई क्या?

गजरा : नहीं जी।

शाहिर : फिर इतना अँधियारा कैसा? लाइट गयी है। तुमको मालूम नहीं।

गजरा : अजी नहीं जी। ऐसा ही रहता है सभी अमीर होटलों में आजकल।

शाहिर : अँधियारा? दिन दहाड़े अँधियारा?

गजरा : हाँ।

शाहिर : किसलिए? अच्छी-खासी रोशनी हो तो कितना खुश रहता है दिल।

गजरा : आहिस्ता बोलो। वो उधर बैठा हुआ आदमी सुन रहा है।

शाहिर : इसमें सुनने लायक क्या है?

गजरा : आजकल लोगों को ज्यादा लाइट अच्छी नहीं लगती। धूप को भी रोक देते हैं ऐसे ऊँचे-ऊँचे बाँध बाँधकर।

शाहिर : जानबूझकर अँधियारे में रहते हैं?

गजरा : हाँ जी। फैशन है ये।

शाहिर : अँधियारे में रहने का फैशन? इसीलिए तो सब कुछ बौना बना है री! बौना! साला, अपनी आँखों को तो तकलीफ होने लगा है इस अँधियारे से।

(कीमती सूट पहना वेटर आकर खड़ा रहता है।)

शाहिर : (*धीमी आवाज में*) पीछे मत देखो।

गजरा : वो क्यों? (*देखने लगती है।*)

शाहिर : मना कर रहा हूँ न। जाएगा वो। एक आदमी है। उसकी नजर मुझे कुछ ठीक नहीं दिखती है। इधर ही देख रहा है। (*राह देखकर*) जा भी नहीं रहा है। ऐसा क्या खड़ा है। हम क्या उसके देनदार हैं? साला (*वेटर वैसा ही खड़ा*)

(*गजरा से*) तू देख मत, हँ। मैं देखता हूँ उसको। (*वेटर के पास जाता है।*) क्यों बे? नहीं बोले तो क्या है? क्या घूर-घूर कर देख रहा है इधर? अच्छे-खासे तो सूट-बूट वाले हो। और ये धन्धा? अँ?

गजरा : अजी ये क्या कर रहे हैं? बैठो इधर आकर जी। (*वेटर से*) सॉरी।

शाहिर : सॉरी? यानी पहचान है दोनों की?

गजरा : (*ऑर्डर देकर वेटर के जाने पर*) अब मैं क्या बोलूँ? सर पटकूँ क्या आपके गँवारपन के आगे? अजी वो वेटर था।

शाहिर : कौन? वो सूट बूटवाला? (*आश्चर्य में*) साला तो फिर इधर का कश्टमर और वेटर में फरक क्या है? कैसे पहचानें? (*साइड से एक सूट बूटवाला जा रहा है।*) अरे ओ वेटर महाराज! उतनी वो पीली हाथी छाप सिगरेट पॉकेट और माचिस लावो जरा! (*वह आदमी गुस्से से देखता है।*) अरे! वेटर इतना घमंडी? रुका तक नहीं।

गजरा : (*सिर पकड़कर*) अब क्या बोलूँ?

शाहिर : अरी? वह वेटर घंमडी। फिर भी मुझे डाँट रही हो। क्या किया मैंने अब?

गजरा : अजी वो वेटर नहीं है। बड़ा कारखाने का मालिक है। कारखानादार।

(शाहिर आश्चर्यचकित और बुत बना हुआ)

शाहिर : (*उठते हुए*) गजरा, चल। हम जाएँगे इधर से।

गजरा : अजी पर...

शाहिर : नहीं नहीं। हम इधर वापस नहीं आएँगे। साला, कारखानादार और वेटर एक जैसे ही दीखते हैं। यानी की...

गजरा : फैशन है।

शाहिर : ये भी फैशन? ऐसा कैसा? और कौन-कौन-सा फैशन है? ठहरो! ये कौन?

(एक जैसे कपड़े पहने, बाल भी दोनों के छोटे दो लोग गुजरते हैं)
राम-लखन की जोड़ी लगती है। या जुड़वा हैं? वाह!

गजरा : वाह क्या? ये जुड़वाँ भी नहीं हैं। और राम-लखन भी नहीं हैं। ये राम-सीता हैं।

(शाहिर प्रणाम करने लगता है। गजरा उसे रोककर सीधा खड़ा करती है।)

शाहिर : अब इनमें से राम कौन और सीता कौन? ये पूछने की नौबत आयी। मारुतिराया भी गड़बड़ा जाएगा। अपन तो किस खेत की मूली। चलो, निकलो यहाँ से। चाय वाय रहने दो। अपनी तो साँस फूलने लगी इधर। चल रख पचास पैसे टेबल पर और चल।

गजरा : पचास पैसे? अजी इधर एक कप चाय के लिए डेढ़ रुपया लगता है?

शाहिर : क्या? डेढ़ रुपया? भैंस का ही दूध होता है न चाय में?

गजरा : क्या बोल रहे हैं—

शाहिर : और चाय पावडर में क्या सोना मिक्स होता है क्या? अरी, अपनी वो नुक्कड़ वाली चाय दस पैसे में मिलती है। इधर डेढ़ रुपया? अरी ये तो सरासर लूट है लूट। ऊपर से लाइट भी जला नहीं रहे हैं ठीक से। कस्टमर को लूटकर वेटर को सूट-बूट पहना रहे हैं। किधर है मैनेजर? उससे ही पूछता हूँ।

गजरा : चलिए इधर से। चुपचाप। वरना सभी हँसेंगे।

शाहिर : मुझ पे हँसेंगे? यानी इस पागलखाने में सभी मुझ पे हँसेंगे।

गजरा : रखो दस रुपये इधर। और फूटो इधर से।

(दोनों गोल घूम रहे हैं।)
चलिए, हम समंदर किनारे जाएँगे घूमने।

(दोनों गोल घूमते हैं। एक आदमी पास आकर गजरा को देखकर सीटी बजाता है। मवालीगिरी करता है। धक्का मारता है। हाथ लगाता है।)

शाहिर : *(क्रोध से)* क्यों रे मवाली? क्या तेरे माँ-बहनें नहीं हैं? क्यों?

गजरा : *(जल्दी में उसे दूर करती हुई)* श्यू ऽऽ चुप-चाप चलो हँ। ऐसा क्या कर रहे हैं?...

शाहिर : क्यों चुप रहूँ? दिन-दहाड़े औरतों को छेड़ता है। साला *(हाथ से मारने का अभिनय)* इसका थोबड़ा ही चपटा करता हूँ—छोड़ो मुझे ...छोड़ दो कहता हूँ न।

गजरा : *(उसे दूर खींचती है।)* मवाली कहीं के।

शाहिर : कौन? मैं मवाली? और वो? वो कौन? छोड़ मुझे? उसे पक्का सबक सिखाता हूँ देख। जनमभर याद रखेगा।

गजरा : आप चुप होंगे क्या? वरना मैं अकेली चली जाऊँगी यहाँ से।

शाहिर : हो गया। चुप हो गया। पर इस राज में औरतों की इज्जत से खुल्लमखुल्ला खेलते हैं? और कोई कैसे कुछ नहीं करता इन जानवरों को? इनसानी भेस में के इन जानवरों को?

गजरा : मारपीट के अलावा और क्या जानते हो आप? मवाली नहीं तो क्या।

शाहिर : तो फिर क्या करना चाहिए था मैंने?

गजरा : ध्यान नहीं देने का ऐसों की ओर।

शाहिर : बीवी छेड़ने पर भी नहीं?

गजरा : उसमें क्या? होता है ऐसा कभी-कभी पर अपना बर्ताव कल्चर चाहिए। मारपीट क्या करते हो? मेरी सहेलियाँ देखेंगी तो क्या बोलेंगी? ताने देंगी मेरे को। बोलेंगी ऐसा कैसा तेरा मरद यूजलेस।

शाहिर : यूजलेस।

गजया : हाँ, यानी कि नालायक।

शाहिर : बीवी की छेड़खानी करनेवाले का गला घोंट रहा है वह नालायक। और बीवी के साथ बदमाशी करने दे रहा है वह...

गजरा : कल्चर। आजकल की औरतों को ऐसे मरद अच्छे लगते हैं।

शाहिर : कल्चर।

गजरा : फिर भी एक अच्छा हुआ। पुलिस आने के पैले सब हो गया—

शाहिर : क्यों? क्या होता पुलिस आती तो?

गजरा : वह तुमको पकड़कर ले जाती।

शाहिर : मुझे? क्यों भला?

गजरा : मुझसे छेड़खानी करने के इल्जाम में...

शाहिर : क्या??? अरी मैं मरद हूँ तेरा। हाँ बिन शादी का होऊँगा पर है नहीं?

गजरा : इधर की पुलिस वह सब नहीं जानती। जो मारता है उसे पकड़कर ले जाती है।

शाहिर : और जो मवाली 'गीरी' करता है उसे कायको नहीं पकड़ेगी?

गजरा : आपको तो कुछ भी नहीं समझता। अजी जो मवालीगिरी करता है उसके साथ पुलिस पैले से मिली रहती है। मिली भगत रहती है

उनकी। ये दलदलपुरी है जी।

शाहिर : ये सब है क्या? (*जेब में हाथ डालता है*) लो। गया पॉकेट। अरे उसने पॉकेट मारा। मैंने उसकी गर्दन पकड़ी इतने में। साले ने टिरिक की। हरामखोर कहीं का।

गजरा : अब चिल्लाओ मत। चुपचाप वापिस चलो। नहीं तो पागल कहेंगे लोग।

शाहिर : यानी उल्टा चोर कोतवाल को डाँटे? ऊपर से कुछ कहने की भी मनाई?

गजरा : यही है इधर का कानून। चलो—

(दोनों घूमकर कार में बैठते हैं। आगे शोफर। 'कार' शुरू होती है। भीतर ढोलक की लय।)

गजरा : आया घर। उतरें।

(तीनों उतरकर चलते हैं भीतर जाने के लिए। जाते-जाते कुर्सियाँ ऐसी रखते हैं मानो ड्राइंग रूम में हैं। तुक्या आकर नीचे बैठ जाता है। शाहिर और गजरा आते हैं।)

गजरा : बेअरा! बेअरा! ओ बेअरा!

(कोई नहीं आता)

किधर मर गये सब? मैनेजर।

(वह भी नहीं आता। फिर सब काले झंडे लेकर कतार में आते हैं।)

ये क्या है?

मैनेजर : वी आर ऑन स्ट्राइक।

नौकर : हमने हड़ताल की है। मालिक मुर्दाबाद! मालिक मुर्दाबाद!

गजरा : पर हुआ क्या?

मैनेजर : इन्सल्ट।

नौकर : बुरा बर्ताव। तुकाराम बाबा को घर से हटा दो। मुर्दाबाद!

शाहिर : क्यों? उसने क्या बिगाड़ा तुम्हारा?

नौकर : हमारा अपमान किया।

शाहिर : हाँ क्या? यानी क्या किया?

नौकर एक : हम पर वॉच रखा।

नौकर दो : हमारी तलाशी ली।

नौकर तीन : हमें धमकाया।

सभी : हम चले। हड़ताल ज़िन्दाबाद! मालिक मुर्दाबाद!

शाहिर : रुको! ए मुर्दाबाद की औलादो! किसकी इजाजत से हड़ताल कर रहे हो? हड़ताल मतलब क्या खाना है? कभी भी खाया। क्यों रे?

गजरा : *(उसे साइड में लेकर)* आप चुप रहिए जी। यूँ बीच-बीच में बोलना मत। ये नौकर गये तो दूसरे कहाँ से मिलेंगे? उनकी यूनियन है। *(हड़ताल वालों से)* हाँ बोलो तुम्हारी क्या माँग है?

सभी : तुकाराम बाबा को निकाल दो।

गजरा : *(शाहिर से)* निकाल देते हैं उसे। उसके बगैर चारा नहीं है।

शाहिर : तू चुप रह। *(तुक्या से)* तुक्या क्या किया तूने ये सब? ऐं। अब मुँह खोल और बता असल में क्या हुआ? हमारे पीछे क्या सूझा तुझे? सुख-चैन से जीना हमारा देखा नहीं जा रहा है क्या?

गजरा : आप टाइम वेस्ट मत करो। उनसे कहो इस घर से जाने के लिए—

शाहिर : अरे कुछ बोल तो सही।

गजरा : बाबा, आप जाओ भला यहाँ से...

(तुक्या बाहर जाने लगता है।)

शाहिर : रुक अरे रुक! *(उसके पास आकर)* तुक्या साले अब तो बोल बाबा!

तुक्या : *(मजबूरी में)* क्या बोलूँ? क्यों बोलूँ? तुझे पसन्द नहीं आता। फुटपाथ का रहन-सहन मेरे खून में सना है न। ज़हर के माफिक। ये अमीरी, ये शान मुझसे बर्दाश्त नहीं होती न? जाने दो। मैं चलता हूँ।

शाहिर : रुक बाबा रुक।साले ये सब हम दोनों ने मिलकर माँगा था न?

तुक्या : माँगा फिर भी नसीब होना मँगता न। मेरा नसीब भी मेरे माफिक लँगड़ा है। तू रह सुख में। चैन से। मैं चलता हूँ।

शाहिर : पर ये तो बता कि हमारे पीछे क्या हुआ?

तुक्या : पूछ इन हड़ताल वालों से—पूछ—

नौकर (सभी) : तुकाराम बाबा मुर्दाबाद!

तुक्या : हाँ, हाँ मुर्दाबाद! चोर साले। लुटेरे डकैत।

शाहिर : पर हुआ क्या?

तुक्या : अरे ये टोली है सोनेरी। डकैतों की टोली।

शाहिर : साफ-साफ बोल क्या हुआ?

तुक्या : कहूँगा। जरूर कहूँगा। डरता हूँ क्या। शाहिर बच्चे, ये चोर इस घर की कीमती चीजें चुरा रहे थे। मेरे सामने। मनमाने ढंग से

खा-पी रहे थे। मैं कहता हूँ खाओ। पेटभर खाओ। पर मालिक के साथ ईमान तो रखोगे कि नहीं? नमक का हक तो अदा करना मँगता कि नहीं? अरे तेरे पीठ पीछे तेरे बारे में क्या-क्या अनाप-शनाप बक रहे थे। पूछ इनसे। बोल रहे थे—गधा है गधा। नम्बर एक का। दाँत दिखा-दिखाकर हँस रहे थे। और भी कुछ कहे जा रहे थे कि मालिक की बाई यानी सारे गाँव के लिए ऐश होएगी।

गजरा : तुकाराम बाबा आप चुप रहिए।

तुक्या : क्यों चुप रहूँ? इतने दिन चुप ही तो था। सब कुछ देख रहा था। मुँह पर ताला लगाके। यहीं—यहीं जमी थी इनकी सभा। इन चोरों की। मेरा भी मज़ाक उड़ा रहे थे। मैंने खुद सुना है। मैं तो हूँ ही पगला। लेकिन मेरे शाहिर के लिए ऐसा कुछ कहा तो मैंने सब को धमकाया। सबकी तलाशी ली। माल के साथ पकड़ा। तब इन्होंने कहा—हड़ताल करेंगे। बहिष्कार डालेंगे। मैंने कहा जो करना है करो। मैं तुम्हारे बाप से नहीं डरता। जहाँ खा रहे हैं वहीं गन्दा कर रहे हैं। हरामखोर कहीं के। ऐ क्या इनसान हैं? कुत्ते, सियार कहीं के। हड़ताल करेंगे साले। अरे अपनी कामचोरी, बेईमानी, लूटमारी पर पर्दा डालने का कपड़ा है क्या हड़ताल याने? हड़ताल तो हथियार है—न्याय पाने के लिए इस्तेमाल किया जानेवाला। लेकिन जिसका ईमान सच्चा है उसी के हाथ में ये शोभा देता है। पहले अन्नदाता का हित। फिर अपना। अपना भला भी होना चाहिए। अपना हक है वह। पर कब? उसके लिए अपने हाथ साफ मँगते कि नहीं?

नौकर (सभी) : मुर्दाबाद। निकाल दो।

तुक्या : हाँ, हाँ जाता हूँ मैं, पर शाहिर नज़र रखना इन पर। घर डुबोने वाले हैं ये बेईमान। (*जाने लगता है।*) तेरी अमीरी मुबारक हो तुझे।

गजरा : (*नौकरों से*) गलती के लिए मैं तुमसे माफी माँगती हूँ। हाथ जोड़ती हूँ। आँचल फैलाती हूँ। हड़ताल पीछे लो।

(बेलिफ जैसा आदमी आता है।)

आदमी : शाहिर आबा देवरे कौन है?

शाहिर : मैं ही हूँ। क्या है?

आदमी : इस पर साइन करो।

(शाहिर अँगूठा लगाता है।)

शाहिर : पर ये है क्या?

गजरा : इन्कम टैक्स का समन्स है।

शाहिर : क्या?

गजरा : अजी बड़े पैसेवाले लोगों पर कर बिठाया है। ये उसी का...

शाहिर : (*आदमी का दिया कागज वापस उसी के हाथ में देता हुआ*) पढ़ो क्या लिखा है इसमें—

आदमी : (*पढ़कर*) ये सारी इस्टेट क्या धन्धा करके कमाई है ये पूछा है। दस दिनों के भीतर पिछले आठ वर्षों का हिसाब देखकर दस लाख टैक्स बिठाया है आप पर। वह नहीं भरा तो ये इस्टेट जब्त करेंगे। और आपको जेल में भेजा जाएगा। (*शाहिर बुत बनता है।*)

शाहिर : दस ला ऽऽ ख? इस्टेट जब्त? फिर से जेल में? उसी अन्धेरी कोठरी में? अरे-अरे ये इस्टेट सरकार ने हमें दी है। महाराज के हुक्म से हम इधर हैं। देखता हूँ हमारा कौन क्या बिगाड़ता है?

आदमी : उसका कोई फायदा नहीं।

शाहिर : वह क्यों?

आदमी : ये दलदलपुरी है। इधर महाराज को कोई नहीं पूछता।

शाहिर : (*आश्चर्य से*) क्या? अरे तुक्या ऽऽ तुक्या (*तुक्या का हाथ पकड़कर*) चल तुक्या। दोस्त चल इधर से। इस अमीर की दलदलपुरी में कुछ राम नहीं है। ये अपने लिए है नहीं। कसम से ये अपना काम नहीं। इस अपाहिज, अन्धी, बहरी, लँगड़ी अमीरी को राम राम! अलविदा! अरे इससे तो अपनी वह हट्टीकट्टी गरीबी लाख भली। चल। जिधर रास्ता निकलेगा उधर चल। मगर यहाँ नहीं ठहरने का।

(उसे लेकर चलने लगता है। इतने में ट्रांजिस्टर के साथ महाराज का आगमन। पीछे प्रधान और सैनिक प्रमुख)

महाराज : (*रोककर*) कहाँ, चल दिये?

शाहिर : (*पाँव पकड़कर, काँपते हुए*) महाराज, हमारा शौक पूरा हो गया।

महाराज : पूरा हुआ? आल राइट। चलो। इसे अब अर्जेंट रॉकेट में ठूँसो और रॉकेट चाँद की ओर उड़ा दो। एकदम जल्दी।

शाहिर : (*डर से*) च...च...महा...राज...

(दोनों दीन...सैनिक शाहिर और तुक्या को ले चलते हैं। महाराज-प्रधान जाते हैं। गजरा सैनिक प्रमुख से चिपकती है। दोनों जाते हैं। हड़ताल वाले नौकर सिर्फ खड़े हैं हाथ में काले झंडे लिये हुए। फिर वे भी कतार में भीतर जाते हैं। जाते समय रंगमंच पर की कुर्सियाँ ले जाते हैं।)

(अँधेरा होता है।)

(शाहिर की पुकार–भयभीत पुकार–'तुक्या तुक्या तू किधर है? तुक्या बचा मुझे।)

(रंगमंच पर प्रकाश)

(फुटपाथ। जैसा प्रथम अंक में था वैसा। तुक्या और शाहिर के बिछौने। खड़ा शाहिर खड़े तुक्या को कसकर पकड़े हुए। 'मुझे नहीं जाना चाँद पर। नहीं, नहीं, मैं नहीं जानेवाला!' शाहिर चीख रहा है। भीतर से सुन्दरी आती है। 'क्या हुआ' पूछते हुए दौड़े-दौड़े आती है।)

सुन्दरी : (*शाहिर से*) क्या हुआ जी चिल्लाने को?

तुक्या : (*शाहिर से*) अरे चुप रे चुप! अरे मर्द, हम यहीं पर हैं। पृथ्वी पर! कौन हमें भेज रहा है चाँद पर? चुप!

सुन्दरी : क्या हुआ?

तुक्या : क्या पता? नींद में चिल्लाते उठा और पकड़ा मुझे। सपना देखा होगा शायद। शाहिर, कौन रे हमें चाँद पर ले चलेगा? अरे, अपना जनम यहीं और मरना भी यहीं। इसी फुटपाथ पर। वह देख वह चाँद (*दिखाता है*) वह उधर आसमान में। वह रहा उसका फुटपाथ। चाँदनी वाला। और यह रहा हमारा फुटपाथ! लक्तरों वाला। वह चाँद कायको आएगा हमारे फुटपाथ पर? नहीं ना? वैसे आपुन भी यहीं पर रहनेवाले। फुटपाथ के सम्राट। चल, सो जा भला। चुपचाप सो जा शायर। मेरा शाहिर। ऐसे चिल्लाओगे तो पुलिस आएगी और खाली-पीली अन्दर कर देगी।

(उसे सुलाता है। खुद उसके पास वाले बिछौने पर बैठ जाता है।)

तुक्या : (*घुटने पेट के पास सटाए बैठा है। सब शान्त हो जाने पर प्रेक्षकों से कहता है*)

अजी लोगो, खेल खल्लास हुआ। पर मैं सो नहीं सकता। आधी रात का समय है। शहर में चलनेवाली पार्टियाँ खत्म हो चुकी होंगी। वह डिस्को-फिस्को चल रहा होगा। नशे में धुत् बड़े बाप के बेटे गाड़ियाँ दौड़ाते अभी निकले होंगे। फुटपाथ पर के आदमी को जागना चाहिए। (*रुककर*) वरना डायरेक्ट (*ऊपर देखकर*) चाँद पर भेजा जाएगा।

(क्रमशः अँधेरा)

□□